이야기 짓는 사람
호모 픽토르

이명행 인문 에세이

결핍을 탐닉하는 자의 이야기

차례

들어가는 말

새로운 서사를 만드는 우리의 시간은 멈추지 않는다 10

1 서사 narrative

담화 속에서 사는 존재

아름다운 헛수고 14
이야기로 지어진 집, 인간 16
불안은 픽션이 필요한 이유 17

개연성의 존재들

우리는 무엇을 믿는가 21
믿음을 얻는 데 필요한 것 24
우리가 존재하는 방식 26
무대 위의 세계 30
매우 간명한 개연성의 법칙 34
리건 톰슨의 인생, '예기치 않은 무지의 미덕' 37

죄의식이 지배한 내면의 서사

'응시', 망각의 방식으로 잠재된 시선   45
애나 가족의 서사   49
삶에 작동하는 담화   53

이미 정해진 자

누군가 보고 있다는 것   55
공백, 욕망과 두려움이 겹쳐지는 정동의 경험   57
'이미 정해진 자'가 의미하는 것   58
성역, 샤먼의 공간   61

죄의식에 굴복하지 않은 두 개의 서사

욥 - 죄의식이라는 감옥   64
립 - 새로운 이야기를 영접하는 집전자   68

2 결핍 manque

결핍의 탐닉

왜 결핍을 탐닉하는가   72
시동이 걸리지 않는 자동차처럼   75
결핍 너머에 있는 것   77

반복할 수밖에 없는 존재

루틴의 정체   79
무엇이 우리를 반복하게 하는가   81
애도의 절차   84
불가사의하게도 거기에 쾌락이 있었다   86
아우라에 깃든 은유의 엔텔레키   90
강박과 소외가 낳은 반복의 퍼포먼스   93
앤디 워홀과 쿠사마 야요이   97
신비의 비결은 '결핍'   102
차이는 내적 갱신의 에너지   106
픽션은 불안을 잠식한다   108

3 공백 trou

픽션은 어떻게 존재하는가
들뢰즈의 주름   112
이야기의 구조, 꿈을 구성하는 방식   113
쾌락의 텍스트   116
말 너머에 있는 존재   120
공백을 실천으로 옮긴 『고도를 기다리며』   122
그것은 매우 낯선 언어   125

공백의 방식-모호한 것에서 더 잘 보이는 것들
모호함이 가져온 결핍의 순간   128
나는 나다 - 모호함으로 뜻한 것   131
내 격정의 청춘 속으로 걸어 들어온 한 송이의 꽃   135
언어의 엔트로피   137

지워진 것에서 느끼는 것
파라시오스의 베일   139
무엇을 지우는가   142
나무라는 확신은 사라져도 좋은   145
그들이 지우는 방식   148
지운 자리에 귀환한 '실재'   156

4 호모 픽토르 Homo Fictor

법열의 순간들

감각을 증폭시키는 결핍	162
프랜시스 베이컨의 고립된 우주	168
죄의식을 자극하는 방식	170
삶에 깃든 모든 공포	176
성역을 부수는 법	177
감각의 논리	180
침묵하는 신	182

내던져진 존재–픽션의 창조자

그러므로 우리는 호모 픽토르	186
꾸며낸 진실	187
불가능한 자기서사에 대한 책임	190
무의식의 언어가 작동하고 있다는 것	192
개연성의 윤리	194
호모 픽토르의 숙명적 조건	196

참고문헌·인용 자료들   201

들어가는 말

새로운 서사를 만드는 우리의 시간은 멈추지 않는다

이 책은 소설가의 방식으로 쓴 '인문 에세이'입니다. 우리 삶 속에서 작동하는 서사에 관해 쓴 것입니다. '이야기 짓는 사람'으로 살아가는 우리는, 우리가 엮어내는 서사가 우리 삶 속에서 어떤 방식으로 작동하는지, 또 그것이 왜 시간 속에서 낡아지는지, 낡아질 때는 어떤 이야기로 갈아타야 하는지, 이 책은 이런 질문들으로부터 시작합니다.

첫 번째의 '서사'에서는, 이야기가 우리 삶 속에서 작동하는 방식과 그것이 가진 속성에 관해 썼습니다. 두 번째의 '결핍'에서는, 우리는 어떤 연유로 이야기 속에 살게 되었을까에 관해 썼습니다. 우리의 서사적 삶의 방식은 어디에서 비롯되었을까요? 세 번째 '공백'에서는, 우리의 서사가 운명적으로 시간 속에서 낡아진다는 것에 관해 썼습니다. 낡아지면 삶이 힘 들어지지요. 그래서 새 이야기로 갈아타게 되는데, 갈아 탈 때는 어떤 이야기가 만들어져야 할까에 대해 생각했습니다. 마지막 '호모 픽토르'에서는, 그렇다면 우리는 의미없는 거짓말을 반복하는 존재들일까,라는 질문에서 시작했습니다. 이것이 윤리적으로 나쁜 것일까요?

마지막 장의 '호모 픽토르Homo Fictor'는 아직 학술적으로 정착된 개념은 아니지만, 소설가의 방식으로 가볍게 제안하는 이름입니다. '픽토르Fictor'는 라틴어로 '형성하는 자, 창조자'를 뜻하며, Fiction과 같은 뿌리인 Fingere에서 나온 말입니다. 우리는 자신의 이야기를 짓고, 그것이 낡아지면 다시 새로운 이야기로 건너가는 존재입니다. 바로 그때 우리는 적극적이고 창조적인 의지를 갖는다는 뜻입니다.

읽으면 위로가 되는 책이 되길 바라며 썼습니다. 우리는 운명적으로 시간 속에서 낡아지는 이야기를 가졌지만, 새로운 서사가 만들어지는 우리의 시간은 멈추지 않습니다.

1
서사

담화 속에서 사는 존재
개연성의 존재들
죄의식이 지배한 내면의 서사
이미 정해진 자
죄의식에 굴복하지 않은 두 개의 서사

NARRATIVE

담화 속에서 사는 존재

아름다운 헛수고

작가의 도구는 상상력이다. 상상력이 대단한 것처럼 여겨지지만, 사실 그것은 종합하는 능력이다. 종합한다는 것은 서로 다른 소재들을, 의도한 하나의 울타리 안으로 묶어 낸다는 의미에서 통섭統攝에 가깝다. 글을 쓰려고 하거나 말을 하려고 할 때는 반드시 주제가 있고, 그 주제를 구성해 내기 위해서 기억 속에 맥락없이 흩어져 있는 것들을 찾아 단일하게 종합해 낸다. 일종의 편집력인데, 이 통섭의 도구가 상상력이다. 어렵지 않다고 한 이유는 그 다양한 큐빅들이 주제가 발휘한 구심력, 알고리즘의 방향에서 자장을 일으킨다는 점에서다. 섬세한 감각이 그것을 구별해 내고, 구별해 낸 것들을 자장의 그물 안으로 포획해 올 것이다. 베껴 쓰기에 능한 작가는 그것들을 꺼내 간명히 주제에 맞게 묶어 낸다.

특별한 기술이 아니라는 점은, 신비롭거나 오묘한 것이 아니라는 뜻이다. 이 글을 쓰는 일에서도 나는 그렇게 하고 있다. 이 책의 주제

중에 '모호한 것에서 더 잘 보이는 것들'도 있다. 모호한 것에서 더 잘 보이는 것들이라니, 이것을 말하기 위해서 더욱 초롱해 지지 않으면 안 된다고 생각했다. 주제의 모호함에 침몰하지 않기를 바라며, 그곳에 도달하기 위해 메마른 기억의 창고에서 되도록 정제된 큐빅들을 꺼내 조합하는 시간을 갖도록 하겠다. 뜻한 대로 이 글이 안개의 골짜기를 지나 그대에게 보다 명료하게 전달되기를 기대하며.

단순하고 명료하지만, 나나 그대가 이 책에 요구하는 것은 이를테면 어떤 철학적 깊이에 도달하려는 노력일 것이다. 그런데 사실은 우리가 그러한 깊이에 도달하더라도 거기에는 진리가 없다. 우리가 진리라고 하는 것들, 시대에 한정된 패러다임이 가정하는 그런 진리는 있겠지만, 그것은 우리가 구하려고 하는 궁극의 진리가 아니다. 그러나 그곳에 진리가 없더라도 우리는 겹겹의 장애를 넘어 그 깊이에 도달하려고 애쓸 것이다. 크리스마스 이브에 눈 내리길 기다리지만, 그 눈의 헛수고는 다음날 아침 햇살 속에서 증명되지 않던가. 그것이 시시포스의 형벌처럼 가혹할지라도, 아름다운 헛수고, 우리는 그 깊이를 갈망할 것이다.

이것은 그곳에 도달하는 과정을 얻기 위한 것이다. 이 프로세스가, 봉착한 낯선 문제 앞에 선 우리의 낡은 픽션을 새롭게 갱신할 방법이 되어 줄 것이라는 믿음 때문이다. 이것이 이 글을 쓰는 간명한 이유다. 그리고 나는 이 책에서 '이야기'와 '픽션', '서사'를 섞어 사용하고 있다. 크게 다르지 않다고 여기지만, 미묘하게 다른 뉘앙스 때문에 맥락에 따라 다른 선택을 하게 됨을 이해해 주기를 바란다. 이 세 개의 어휘는 매우 가까운 거리에서 섞여 사용되고 있다.

이야기로 지어진 집, 인간

우리는 이야기 속에 사는 존재이다. 그리하여 내가 가진 이야기로 타자와 구별된 존재로 살아간다. 누구에게나 다 이야기가 있다. 나 자신과 타자에게 어떻게 보이고 싶은가가 전제된 이야기이다. 타자에게 들려줄 이야기임과 동시에 나를 설득해야 하는 이야기인 것이다. 그러므로 만약 주체라는 것이 있다면, 그것은 이야기로 지어진 것이다. 그대가 가진 이야기는 언어로 지어진 그대의 집이다. 이야기로 지어진 그 집 안에 우리는 도무지 알 수 없는 '무엇'이라는 모호함으로 존재하는 것이다.

타인에게 내가 누구인지 알리려 할 때 이름과 나이, 가족으로부터 시작되는 것 외에도 말로 설명하지 못할 수많은 것들이 있다. 몸에 걸치는 옷도 그렇고, 가지고 있는 물건이나 먼저 알게 될 내가 사는 집과 소속된 단체 그리고 말투나 제스처……. 당신이 교사라면 어떤 교사인가. 그대가 작가라면 어떤 작가인가. 당신이 엄마라면 어떤 엄마인가. 당신이 종교인이라면 어떤 종교인인가. 우리는 끊임없이 우리 안에서 제기되는 질문에 대답하면서 갱신해 가야 할 것들이 있다. 우리 이야기는 운명적으로 시간 속에서 낡아지고, 낡아졌다고 판단되면 바로 새로운 대답을 준비해야 하는 존재들인 것이다. '서사가 주체를 구성한다'를 빌려 말하자면, 이렇듯 우리는 끊임없이 새로운 이야기와 담론을 통해 자신을 재구성해 가는 존재이다. 이 재구성을 위해 소비하는 이야기와 담론을 간명하게 '픽션'이라고 하겠다. 우리는 이 픽션을 통해 자신을 구성하고 표현하는 존재이다.

불안은 픽션이 필요한 이유

픽션이 필요한 가장 직접적인 이유는 불안하기 때문이다. 불안은 낯설고 불확실한 것에서 온다. 그래서 우리는 이웃의 낯선 사람을 낯선 채로 놔두지 않는다. '그대가 누구인가'. 누구인지 알아야 하기 때문에 그의 정체 앞에 내 무지를 무릎 꿇리는 것이다. 기차에서 맞은편에 앉아 있는 사람에게 불안함을 느낄 이유는 없다. 그런데 무엇인가를 도모하기 위한 장소에서 낯선 이와 마주했다면 불안하다. '그대는 도대체 무엇을 가졌는가'.

낯선 곳도 불안하다. 낯선 장소에 돌연히 내던져졌을 때 돋는 소름을 즐기기도 하지만, 그 공포가 가없이 깊어지기를 원하지는 않는다. 누구나 경험이 있을 것이다. 귀가 중에 잘못 타고 내린 버스 정류소에서 길을 잃었을 때, 그곳이 어디인지 알 수 없는 겨울비 내리는 스산한 한밤중, 그 텅 빈 도로에서는 택시도 만날 수 없겠다는 절망 속 그 짧은 순간. 내가 기억을 잃게 되면 이런 공포 속에 있겠구나. 집을 지척에 둔 이곳이 이토록 낯설 수 있다는 사실이 더욱 나 자신을 믿을 수 없게 만드는, 우리는 그 낯선 환경을 익숙한 것으로 포획하지 않고는 견딜 수가 없는 것이다. 내가 지금 어디에 있는지를 알아야 한다.

30년을 근무했던 회사에서 은퇴한 다음날 아침, 눈을 뜬 침대에서 맞게 되는 그대의 낯선 시간은 또 어떠한가. 그 시간은 어떤 기괴함으로 그대를 덮칠까. 그대는 낯선 시간들을 해체해 자신의 익숙한 시간으로 조합해 낼 때까지 불안 속에서 그 시간들과 마주하게 될 것이다. '내가 없는 저쪽에서는 지금 무슨 일이 벌어지고 있을까'. 그대에게 익숙한 것은 세상에서 가장 쓸모없는 이런 질문들이겠지. 그곳에 내가 없는 채로 어제와 똑같은 회의가 열리고 있을 것이라는 상상은, 매일 아침 이 시간 이곳에 존재하지 않았던 나 자신을 매우 낯설게 체험하게 할 것이다. 불안은 낯선 시간을 해체해 자신에게 익숙한 루틴을 만들게 하고, 결국 그대는 새로운 루틴의 큐빅들로 지어진 시간의 감옥 안에서 안심하게 된다. 정돈되지 않은 시간들이란 얼마나 불안한가. 시간들을 루틴으로 포획해 익숙한 둥지를 만든 그대는 비로소 배식구로 들어온 모닝 커피를 즐길 수 있다.

낯선 시간들을 포획할 계획을 세우고 있는 은퇴 교수와 함께 점심을 먹었다. 식사 후 카페로 옮겨 앉았을 때, 그는 짙은 침묵 속에서 저항하고 있었다. 그는 아직도 낯선 시간과 싸우고 있는 중이었다. 학교에 출근했던 월 화 수 중에 화요일 점심 시간이 끝나 가고 있었던 것이다. 잠시 후, 그는 들뜬 목소리를 냈다. 아마도 오후 강의 시간이 시작되기 직전이었을 것이다. "내일은 북한산에 갈 거야. 매주 화요일은 등산. 결정!" 나는 그의 비장함을 이해했다. 그 결정이 눈물겨웠다. 그런 결정 없이 오후 강의 시간을 맞았다면 어쩔 뻔했는가. 그가 죽기 전까지 매주 화요일 오후는 일주일에 한 번씩 반복된다. '반복은 낯선 시간들을, 낯선 사물들을 가두는 가장 안전한 방식-슬라보예 지젝Slavoj Žižek'이다.

루틴은 결국 우리 자신을 속이는 픽션이다. 개념이라고 하는 익숙한 바구니 속에 낯선 시간들을 조각내어 개연성의 통제 속에 가두어 두어야만 우리는 안심할 수 있는 것이다. 나 자신이 어떤 존재인지 알 턱이 없는 그대와 나는, 익숙한 타인들이 내게 제공한 큐빅들을 모아 스스로 픽션의 감옥을 짓고 그 안에 존재하는 것이다. 우리에게는 선택할 힘이 없다. 그러나 픽션만큼 완벽한 성채도 없다.

하지만 아무리 고상하게 꾸며 낸 픽션이라도 시간이 흐르면 낡아지고, 자존감은 처량해진다. 우리는 이 낡고 진부한 픽션을 버리고 새로운 픽션으로 갈아타야 하는 숙명을 가진 매우 순종적인 존재인 것이다. 앞서서 얘기했던 것을 잠시 돌이키자면, 우리는 지금 어떤 철학적 깊이에 도달하려고 한다. 새로운 서사로 갈아탈 때, 더욱 단단한 개연성의 방법은 우리가 깊어지는 그 과정에서 얻어진다고 믿기 때문이다. 그러므로 목표로 삼게 되는 가정된 진리는 헛된 것이 아니다. 크리스마스 이브에 내리기를 바라는 눈의 헛수고가 그대와 나의 인생에 거듭되는 것은, 이 신기루가 양식인 삶을 살고 있기 때문이다. 그러나 '헛되고 헛되도다'라는 말은 죽을 때나 하는 말이다.

개연성의 존재들

우리는 무엇을 믿는가

그것이 사실인가 아닌가를 따져 진실을 규명하는 일은, 오랜 세월 동안 우리는 꼭 필요한 경우에만 해 왔다. 왜냐하면 그것으로 완벽한 정의에 도달할 수 없다는 것을 우리가 잘 알고 있었기 때문이다. 그래서 우리는 필요한 경우, '합의된 틀'을 가지고 다소 일방적으로 사실을 규명한 뒤, 그것에 다수가 동의하는 방식으로 문제를 무마해 왔다. 무마의 뒤끝에는 언제나 소요가 있었다. 장막 너머에 소수의 '진실'은 여전히 다른 이름으로 살아 있기 때문이다.

그 외의 것은 대체로 사실보다 '믿음'에 기초해 정리해 왔다. 믿음의 단계에 이르면, 그것이 사실인지는 별로 중요하지가 않게 된다. 우리는 우리가 '믿어 온 것'이 사실이라는 것을 의심하지 않는 관성 속에 있다. 그러다가 간혹 그것이 사실인지 아닌지를 확인해야 하는 불가피한 사정을 만나 문제 안으로 들어가 보면, 그것을 규명하는 일이 그것을 믿는 일과는 전혀 다른 층위에 있다는 것을 알게 된다.

명확히 규명한 뒤에도 규명하기 전과 거의 비슷한 숫자의 사람들이 그것을 믿지 않는 모습에서 알 수 있다. 이렇게 되니, 사실을 규명하는 일은 헛수고다. 그러나 헛수고는 오늘도 계속되고 있고, 그것은 불가피한 일이다. 우리는 사실을 믿는가, 그렇지 않다는 것이다. 우리가 믿어 온 것은 오히려 사실이 아닐 가능성이 매우 높다. 이것을 증명해 보이기 위한 가장 좋은 예는 '사랑'이지만, 여기서 그 무모한 짓은 하지 않겠다. 내게 그것을 증명해 보이라고 하지 말고, 그대 스스로 조용히 불 꺼진 방에 앉아 그대의 사랑에 대해 생각해 보라.

우리는 '믿어지는 것'을 믿는다. '사실'이라는 것을 가지고 누군가를 설득할 수도 있지만, 상대가 그것을 믿게 되기까지는 상상할 수 없던 새로운 요소들이 개입한다. 그 요소들이 그 문제와 관련이 있는지는 그 요소들만 알고 있을 것이다. '사실'만 가지고는 그 누구도 완벽하게 설득할 수 없다는 것을 우리는 매일 겪고 산다. 그것을 의식하지 않을 뿐이다. 여기에서 가장 중요한 것은 우리가 가진 그것에 '믿게 하는 힘이 있는가'이다. 그것이 어떤 것이든 그것이 증명되는 종점에는 '믿음'이라는 것이 버티고 있다.

사실로 규명되어 증명된 것들이라고 할지라도 아직 거쳐야 할 단계가 남아 있다. 우리가 믿게 된 것들 이를테면, 과학이나 역사조차도 자신의 패러다임 안에 서사구조를 갖추고 있다. 과학자와 역사가들도 이미 그것을 안다. 그들이 하는 '이야기'를 자세히 뜯어 보면, 우리가 그들의 손을 잡고 도달한 그곳이 완벽한 사실성의 세계가 아니라는 것을 알게 된다. 그 과학혁명의 구조 안에는 언젠가 한계치 너머로 높아질 신뢰의 엔트로피에 저항할 서사구조가 반드시 있다. 그것은 마치 우리 핏속의 백혈구처럼 작동한다. 이미 지나간 패러다임의 주인공들을 살펴보니, 그들도 나처럼 똑같이 소설가의 방법을 사용하고 있었다. 그것은 믿음을 설계하는 일이다.

소설이 다루고 있는 사건의 모든 혈관을 빈틈 없이 채우고 흐르게 하는 힘이 개연성이다. 이것은 나를 밤새 잠재우지 않는다. 언제나 우연히 찾아오는데, 작가는 그 꿈같은 인연이 무너지지 않도록 온 힘을 다 하는 것이다. 꾸며 낸 사건, 그 이야기를 독자가 믿지 않는다면 소설은 모래성처럼 무너질 것이다. 그러나 개연성은 소설을 쓰는 작가에게만 각별한 힘을 발휘하는 것이 아니다. '사실'에 관한 한 독점적 위치에 있다고 자부해 온 역사가들과 과학자들의 자존심을 상하게 하고 싶지는 않지만, 그들이 나와 같은 방법을 쓰고 있다는 사실에 나는 별로 놀라지 않았다.

세상에 '이야기하는 방식'으로 자신의 진실을 드러내려는 사람들은 모두 개연성의 방법을 사용한다. 이 개연성은 우리의 정체성을 이루는 이야기 속에서도 당연히 힘을 발휘한다. '나는 누구인가'. 우리의 서사 안에서 개연성이 게으름을 피우고 있다면, 우리 삶의 활성도는 현저히 떨어질 것이다. 개연성은 우리 세계가 무너지지 않도록 붙들어 두는 언어의 방식이며, 불확실한 현실에 질서를 부여하는 서사의 장치이다. 우리는 사실을 따라 사는 존재가 아니라 개연성을 따라 사는 존재인 것이다. 우리는 의미의 질서를 향해 끊임없이 허구를 직조하며, 그 허구 속에서 '합의된 진실'을 살아간다. 그것은 언제나 이야기의 형식을 띠며, 우리는 그 서사구조 안에서 자신과 세계를 연결해 간다. 이번 질문은 '우리는 무엇을 믿는가'이다. 이 질문을 통해서 우리가 '개연성의 존재들'이라고 하는 가정에 도달해 보려고 한다.

믿음을 얻는 데 필요한 것

우리가 진실을 의심하게 되는 것은, 같은 현상을 두고 다른 해석을 만났을 때이다. 명 청의 갈림길에 서 있었던 조선의 척화파와 주화파 이야기도 같은 맥락에서 볼 수 있다. 청과 화친을 반대했던 김상헌과 청과의 화친을 주장했던 최명길. 그들이 보고 온 것을 바탕으로 조선의 미래를 구성한 픽션들은 전혀 다른 내용이었다. 김상헌은 의리와 명분을 중시했고, 최명길은 현실적 타협을 주장했다. 그들의 선택은 정치적 세계관의 산물이었고, 각자가 의도한 바에 따라 '진실'을 선택했다. 그 선택은 당대 조정에서 개연성을 갖춘 이야기로 받아들여졌다. 역사의 결과로 보자면 두 사람의 예측은 모두 빗나갔지만, 그 시점에서는 어느 쪽도 허무맹랑하지 않았다.

임진왜란 직전, 일본에 파견된 통신사 황윤길과 김성일의 사례도 유사하다. 두 사람은 같은 것을 보고 왔지만, 전혀 다른 판단을 내렸다. 일본이 조선을 침공할 것인가를 두고 황윤길은 경고를 했고, 김성일은 그 가능성을 낮게 보았다. 그들이 반대의 진술을 했던 것은 서로 달랐던 정치적 입장 때문이었을 수도 있다. 특히 김성일의 경우는 동인 내의 강경파였던 입장이 있었고, 일본을 조선보다 열등하게 보는 문화적 우월주의가 있었다. 그의 판단이 의도적이었든, 무지에서 비롯된 것이든 간에 그는 자신의 이야기를 강한 설득력을 갖도록 꾸며 냈다. 그리하여 김성일은 도요토미 히데요시를 직접 만나고 돌아온 황윤길의 경고를 이겨 낸 것이다.

믿음을 얻는 데 필요한 것은 '사실' 그 자체가 아닐 수도 있다. 문턱이 없는 대문을 보지 못한 자만이 대문의 문턱이 대추나무로 만들어졌다고 말할 수 있는 용기를 가지는 것이다. 문을 봤으되, 문턱이 있었는지를 확인하지 못한 어리숙한 우리는 '대추나무'라는 구체성에 속는다. 개연성이란 사실성에서 오지도 않을 뿐만 아니라, 오히려 너무 분명한 사실은 개연성을 해치는 요소인지도 모른다. 황윤길은 히데요시를 직접 만나 가져온 정보의 사실성을 믿고, 믿음직한 개연성을 구성해 내는 일에 게을렀을 것이다. 거짓말하는 자가 가장 열심히 하는 일은 자신을 믿게 하는 것이다. 김성일의 구체성이 황윤길을 이겼다.

우리가 존재하는 방식

일본 구로사와 아키라黑澤明 감독의 영화 〈라쇼몽羅生門〉 관청 장면에는 살인 사건을 묘사하는 세 개의 증언이 나온다. 아내와 함께 산길을 가던 사무라이가 죽었다. 세 인물이 각기 관청에 나와 자신이 본 것을 말한다. 세 사람은 완전히 다른 관점에서 증언을 한다. 도적 다조마루는 자신이 사무라이를 죽였다고 주장한다. 그는 숲속에서 사무라이의 아내를 보고 욕정을 품는다. 사무라이에게 물을 마시게 해준다는 핑계로 유인하여 밧줄로 그를 나무에 묶은 뒤 그의 아내를 강간했다. 도적은 그 후 사무라이의 아내가 수치심을 견디지 못해 사무라이와 도적 둘 중 하나는 반드시 죽어야 한다고 말했다는 것이다. 지금 자신의 몸이 일부종사하지 못한 치욕 속에 있으니, 너희 둘에서 도모해 하나가 되는 일을 당장 하라는 뜻이었다. 이에 다조마루는 사무라이와 결투를 벌여 그를 죽인다. 이것이 명예로운 결투로 포장된 다조마루의 증언이었다.

뒤이어 사무라이의 아내 역시 자신이 사무라이를 죽였다고 증언한다. 강간을 당한 후, 남편이 자신을 경멸하는 눈으로 바라보는 것을 견디지 못해 남편에게 차라리 자신을 죽여 달라고 말했지만, 남편은 여전히 자신을 경멸할 뿐 행동하지 않아 자신이 그를 칼로 찔러 죽였다는 것이다. 강간 당한 아내의 처지를 헤아리지 못한 것도 모자라 경멸했다면, 그 살인에는 동정의 여지가 있었다. 그 후 그녀는 자살하려고 했고, 그것을 이루지 못해 달아났다고 증언했다. 남

구로사와 아키라 감독, 영화 〈라쇼몽〉, 1950

편을 죽인 것은 수치와 죄책감으로 인한 것이었다. 그다음으로, 죽은 사무라이는 무당에게 깃든 영매를 통해 증언한다. 사무라이 역시 자신을 죽인 것은 자신이었다고 증언한다. 자신의 아내가 산적 다조마루에게 남편을 죽이고 자신과 함께 달아나자는 제안을 하는 것을 듣고, 그 배신감을 견딜 수 없어 자살을 했다는 증언이었다. 이해 관계에 있는 세 사람 모두가 자신이 죽였노라고 진술한다. 그들 서사의 핵심을 이루고 있는 것은 모두 '명예'였다.

마지막 장면에서 허물어져 가는 라쇼몽 아래에 우두커니 비를 피하고 있던 나무꾼과 승려, 방물장수가 사건을 회상하며 대화를 나눈다. 나무꾼은 자신이 사건의 진짜 목격자라고 고백하며 네 번째의 이야기를 들려준다. 영화 속 진술자 중 사무라이를 죽이지 않은 것으로 증언한 유일한 인물이었다. 처음에는 사건을 보지 못했다고 증언을 했지만, 사실은 모든 장면을 다 목격한 인물이었다. 그는 다조마루가 사무라이의 아내를 강간한 뒤, 사무라이에게 그녀를 데려가라고 말하는 것을 들었다.

하지만 사무라이의 아내는 두 남자 모두 따라가지 않겠다고 거부한다. 다조마루도 자존심이 상하고, 사무라이도 격분한다. 결국 두 남자는 겁에 질린 채 명예롭지 못한 서툰 결투를 벌이고, 예기치 못한 일이 벌어진다. 죽일 의도가 없었던 다조마루가 사무라이를 죽이게 된 것이다. 이것이 진실에 가장 가까운 증언인 것처럼 보이나, 나무꾼 역시 사무라이의 가슴에서 매우 귀중해 보이는 칼을 뽑아 간 인물이었다. 그도 이 서사에 이해관계가 있는 것이다. 영화는 살인자를 밝히는 일을 미궁에 몰아 넣고 끝난다.

동일한 사건을 말했지만, 말하는 방식과 강조된 부분이 모두 달랐다. 각자의 이야기에는 자신을 믿어 달라는 호소와 함께 믿음을 유도하기 위한 개연성이 깔려 있다. 이쯤 되면 관객은 혼란에 빠진다. 누구의 말이 더 그럴듯하게 들리는가에 집중된다. 재판관도, 관객도 각 증언 속의 '진실'을 분별할 수가 없다. 그들이 조작한 개연성들이 거의 완벽했기 때문이다. 이때 우리는 매우 불편한 것과 만나게 된다. 나 자신을 믿을 수 없다는 것이다. 이 영화를 다 보고 나면 범인을 알아 내고야 말겠다는 애초의 의지는 온데간데없고, 엉뚱한 지점에서 나를 믿지 못하겠다는 자신과 만나게 되는 것이다. 진실의 문제보다 더 불안한 것은, 내가 무엇을 믿을 수 있는지를 알 수 없다는 점이다. 타인의 이야기가 만들어 내는 개연성에 쉽게 설득되고, 그렇게 설득된 믿음을 진실처럼 여겨 온 우리의 존재 방식이 적나라하게 드러나는 것이다.

이 영화는 추리 영화가 아니다. 만약 범인이 누군지를 찾아야 하고, 찾을 수 있는 영화였다면, 이토록 오랜 세월 동안 회자되지 못했을 것이다. 이 영화를 보고 나면, 우리에게는 진실을 판단할 능력이 주어지지 않았다는 것, 늘 타인의 언어, 타인의 서사 속에서 믿음을 구성하며 살아가는 존재라는 것, 그리하여 우리가 '개연성의 존재'라는 것을 알게 되는 것이다.

무대 위의 세계

우리가 '개연성의 존재'라는 사실을 보다 직접적으로 보여 주는 또 하나의 영화가 바로 알레한드로 곤잘레스 이냐리투Alejandro González Iñárritu 감독의 〈버드맨Birdman〉이다. 그와 관련한 인상적인 장면이 있다. 극 중 마이크라는 배우는 영화 속에서 공연되는 연극에 함께 출연 중이던 배우 레슬리와 실제 연인 관계에 있다. 연극에서도 부부로 출연한다. 문제의 사건은 이 부부가 무대의 침대 위에 이불을 덮고 함께 누워 있는 장면에서 벌어졌다. 마이크가 침대 위에서 갑자기 돌발적인 행동을 한 것이다.

그는 대본에 없는 실제 성행위를 시도했다. 레슬리는 무대 위에서 강하게 반발하며 마이크를 밀쳐 낸다. 그리고 화난 음성으로 마이크에게 이렇게 말한다. "이게 진짜냐?" 그리고 덧붙인다. "넌 실제로는 못하잖아!" 현실에서는 섹스를 하지 못하는 마이크가 무대 위에서 시도한 것을 지적한 것이다. 마이크와 레슬리는 오랜 연인 관계였지만 섹스리스 상태였다. 이후 마이크는 다른 장면에서 다른 인물에게 이날의 일을 고백한다. 현실에서는 레슬리와 섹스를 할 수 없었지만, 그날 무대에서는 그것이 가능했다는 것이었다.

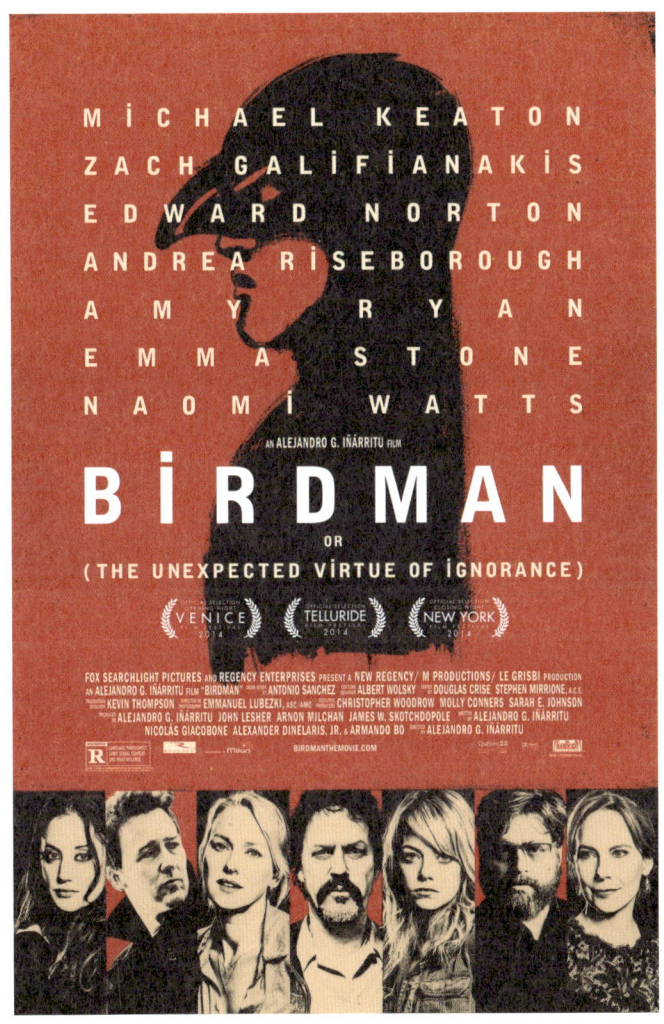

알레한드로 곤잘레스 이냐리투 감독, 영화 〈버드맨〉, 2014

영화 속 이 장면은 단순한 배우의 일탈로 그려지지 않았다. 연극 무대는 개연성의 세계이다. 모든 것이 조작되고 연출된 '이야기'의 공간이다. 무대 위에서 마이크가 만난 레슬리는 현실 속 연인 레슬리가 아니었다. 그녀는 이야기 속 레슬리였다. 마이크가 이성적으로 헤아려 레슬리를 낯선 여자로 봤다는 뜻이 아니다. 무대 위에서 벌어진 마이크의 성적 긴장은 드라마에 필요한 정도의 매우 단순한 구성 속에 탄생한 환상이라는 점을 말하고 싶은 것이다. 거기에는 배우 마이크의 성적 환상을 구현할 개연성만이 존재했다. 무대 위의 레슬리가 현실의 레슬리와는 다른, 새로운 여자로 보여 마이크가 그런 짓을 했다고 말하고 싶지 않다. 현실에서 마이크가 레슬리에게 성적 매력을 잃게 된 데에는 수많은 요인이 있었을 것이다. 무슨 일인가로 시작된 심리적 위축과 연인 관계에서 생기기 마련인 권력 구조, 그로 인한 애정의 균열과 거기서 촉발된 자존감의 문제, 이 모든 현실적 이미지들이 얽혀 있는 것이다.

하지만 무대 위의 세계는 현실세계와는 완전히 다른 세계다. 현실의 무수한 구체성이 모두 소거된, 매우 단순화된 개연성의 세계가 열린 것이다. 거기에는 마이크가 심리적인 위축을 느낄 만한 권력관계의 패배나 자존감의 문제가 없다. 그리고 그것들이 아직 뒤덮지 않은 매력적인 레슬리가 있다. 무대 위에는 개연성을 위해 선택된 몇 가지 요소들만 남고 현실의 복잡한 문제들이 사라진 것이다. 마이크에게 무대 공간은, 섹스리스가 될 수밖에 없었던 두 사람 사이의 온갖 일들이 만들어 낸 복잡한 이미지들이 사라진 공간이었던 것이다.

개연성의 세계에서는 목표에 정진할 준비가 된 매우 단순한 이미지 몇 개가 선택된다. 이 점이 개연성의 세계와 현실세계가 다른 점이다. 깔끔하게 믿게 하려면 이성을 동원해야할 만큼 중첩된 무거운 이미지들로는 안 된다. 그것은 이성으로 우회하지 않아도 될 만큼 감각적이어야 하고 가벼워야 한다. 마이크는 이 날 무대 위에서 현실의 부정적인 이미지들이 소거된 매우 감각적인 환상과 만난 것이다. 무대 위 그녀는 그가 첫눈에 반했던 첫날의 그녀였을 것이다. 첫날의 그녀를 다시 볼 수 있는 것은 개연성의 세계에서만 가능한 일이다. 현실의 구체성이 소거되고, 그 단순함으로 구축된 개연성이 무대 위에서 작동한 것이다. 개연성이 환상을 믿게 했고, 오직 그 믿음이 그를 움직였다.

우리는 결국 그런 존재이다. 개연성의 세계에 지배되는 존재. 타인이 만들어 낸 이야기의 구조 속에 갇히고, 동시에 우리 스스로도 픽션을 만들어 자신에게 보여 주어야 하는 존재이다. 나라는 존재는, 곧 '어떻게 보여지기를 원하는가'라는 질문에 대한 답이다. 그리고 그 답을 개연성이라는 구조로 조직해 낸다. 그런 후 그대와 나는 이 개연성이 지배하는 서사 세계 안에서 평안을 얻는 것이다.

매우 간명한 개연성의 법칙

우리가 믿는 세계와 현실세계가 다르다는 것을 알지만, 그것을 아는 것과 그것을 실천하는 것은 매우 다르다. 우리는 드라마가 현실이 아니라는 것을 잘 알지만, 우리의 의식을 지배하고 있는 것은 드라마의 방식이다. 현실에서 어떤 일이 드라마처럼 되지 않았을 때, 우리는 뭔가 잘못되었다고 생각한다. 우리의 머리에 장착된 시뮬레이터가 개연성의 구조로 구축되어 있기 때문이다. 이것은 드라마를 너무 많이 봐서 생긴 일이 아니다. 우리가 이야기 속에서 살기 시작한 고래로부터 시작된 일이다. 어쩌면 나의 증조할머니의 세계는 고조할머니의 이야기 속에서 구성되었을 것이다. 현실세계는 우리가 믿는 세계와 다르다는 것을 알면서도 우리는 매번 깜짝 놀란다. '어, 이게 뭐지?' 드라마처럼 되지 않은 현실이 뭔가 잘못되었다고 생각하는 것이다.

오래 전 TV 드라마에 홀시아버지를 모시고 사는 며느리와 그 집에 자주 드나들던 며느리 친구 이야기가 있었다. 드나들다가 며느리 친구가 친구의 시아버지와 눈이 맞게 된다. 결국 이 시아버지가 며느리의 친구와 결혼하게 되었다는 이야기이다. 당시에는 매우 드물다고 생각되어지는 이야기여서 논쟁이 일었다. '어떻게 며느리 친구가 친구 시아버지하고 결혼하는 상상이 가능한가'. 대중의 관심은 그것에 매우 비판적이었던 것으로 기억된다. 나는 작가가 그 문제에 나서지 않기를 바랐다. 무슨 해명을 해도 저들을 설득할 수 없을 것이라고 생각했기 때문이었다. 하지만 씩씩한 작가는 기자들의 질문에 맞섰다. 작가의 해명은 전혀 다른 방향에서 문제를 드러냈다. 그것이 '실제로 현실에서 있었던 일'이었다는 것이다. 작가의 친구가 친구의 시아버지와 결혼한 실제의 예가 있었다. 그것이 실제로 현실에서 있었던 일이므로 작가는, 대중이 그것에 '문제'를 제기하는 것을 이해할 수 없었을 것이다.

그러나 현실 세계에서 일어난 모든 것이 개연성을 가질 수는 없다. 지금 이 순간에도 세상에는 '믿을 수 없는 일'이 수없이 일어나고 있지 않은가. 개연성이 가지는 중요한 요소 중 하나가 보편성인데, 그 보편성은 결코 현실에서 결정되지 않는다. 놀랍게도 그것은 '일어날 일만 일어나도록 되어 있는' 개연성의 세계 기준으로 결정된다. 우리의 머릿속 시뮬레이터가 결정하는 것이다. 우리가 현실세계에서 일어나는 일을 보고 수시로 놀라는 이유는, 보편성을 결정하는 심판관이 현실에 있지 않기 때문이다. 그러므로 며느리의 친구와 결혼한 시아버지는 잘못이 없지만, 작가의 그 해명에는 잘못이 있었다. 작가가 왜 현실에서 가능한 일만 써야 하는가. 내 기억으로 그 드라마의 인기는 그 뒤로도 전혀 식지 않았다.

개연성의 방법에서는 매우 단순한 규칙을 따르면 된다. 소설 속에서 매력 있는 인물이 되는 것은 두 가지를 가지면 된다. 첫째는 전형성이다. 그리고 둘째는 개성이다. 그가 검사라면, 알려진 현실에서는 상상할 수 없지만, 검사가 가져야 할 전형적인 정의감을 가져야 한다. 그러나 그의 성격이 불같아서 '깡패' 같은 개성을 가졌다면 그는 매력적인 인물이 된다. 그는 정의로운 일에 불같은 성격을 지닌 검사인 것이다. 이것이 매우 간명한 개연성의 법칙이다.

그런데 한번 생각해 보자. 우리 주변에서 일어나는 수많은 일들 중 그런 보편성과 인과관계를 충족시키면서 벌어지는 일이 몇 개나 있을까. 이쯤 되면 우리가 현실세계를 살아 내는 일이 굉장히 불안하고 힘든 이유가 자명해진다. 우리는 개연성의 존재인데, 우리가 사는 여기는 개연성의 세계가 아니라는 것이다. 여기에서 벌어지는 일들에는 인과성도 없고, 소설 속에 등장하는 전형적인 인물과는 전혀 다른, 매우 개성적이기만 한 인물들이 우리 주변 도처에 포진하고 있는 것이다. 그리고 집 안에서 매일 만나는 아내와 남편 사이에서 벌어지는 일들도 대부분 개연성을 따질 수 없는 해프닝으로 점철되어 있다. 잠시만 생각해 보면 바로 이해가 될 것이다. 그대는 그대의 남편과 싸우게 되는 일들에서 인과성과 보편성을 따져 낼 수 있는가. 밤 새고 싶지 않다면 시도하지 않길 바란다.

그 반대 쪽에 SF영화가 있다. 이미 멸종한 공룡이 어느 날 갑자기 우리 사는 세계로 침입해 온 것이다. 공룡이 살아 돌아오는 방법은 매우 간단했다. 그것을 믿게 하는 장치는 거의 허무맹랑한 수준이다. 땅 속에 송진이 굳어져 만들어진 호박, 그 영롱한 보석 안에 피를 잔뜩 머금은 모기 한 마리가 들어 있는 것이다. 그리하여 그 호박을 가르고, 정교하게 모기의 뱃속에 들어 있던 피를 추출해 배양하기 시작한다. 그것을 특별히 과학적으로 증명해 보일 필요는 없다. 오히려 그것을 효과적으로 증명하고 있는 것은, 배양해 내는 연구자의 얼굴에 맺힌 땀방울 같은 것이다. 얼마 후 거기에서 공룡이 탄생하게 된다. 그리고 공룡들은 거대한 공원에 갇히게 되고, 누군가의 어리숙한 대처로 탈출하게 되면서 사건이 벌어진다.

이것을 믿게 하는 일은 친구 시아버지와 결혼한 며느리 친구 이야기 보다 쉽다. 우리의 현실 세계는 개연성의 세계가 아니고, 서사의 세계 역시 현실 세계를 복제해 온 것이 아니다. 이 두 세계는 그냥 전혀 다른 세계인 것이다. 그런데 우리는 현실세계에서 벌어지는 사건들보다 우리를 믿게 하려는 장치가 숨은 그 이야기들을 더 신뢰한다.

리건 톰슨의 인생, '예기치 않은 무지의 미덕'

소설 창작을 위해 들여다 보게 되는 서사구조에서, 사건Events의 골격을 이루는 두 요소로 발견하게 되는 것은, '의미행동Actions'과 우연히 발생하게 되는 '우발사Happenings-시모어 채트먼Seymour Chatman'이다. 의미행동이라는 것은 인과관계 속에서 벌어지는 사건들을 말한다. 이야기를 이끌어 가는 축은 바로 이 인과성에 의해서 결정된다. 물론 이야기 안에는 '감초'라고 일컬어지는 인물이 나와서 재미를 주는-앞으로는 '우발사'라고 부를-해프닝이 있다. 하지만 대체로 그것은 양념일 뿐, 사건 전환에 결정적인 역할을 하지 않는다.

우연히 발생하는 일이 결정적으로 사건 전환에 작용한다면 그 '우연'을 비판할 독자가 적지 않을 것이다. 물론 소설의 의도가 그 '우연'에 있다면 그것은 다른 관점이 되겠다. 나는 그런 특별한 소설들을 응원한다. 그리고 등장인물의 운명적인 사건인 경우에서도 우연한 일은 설득력이 있다. 하지만 보편적인 서사구조에서 우발사는 중심에 들어와서는 안 되는 들러리다.

우리 현실에서 벌어지는 일들을 평가할 때 우리가 간과하는 것이 있다. 우리는 주변에서 무수히 벌어지고 있는 우발사에 대해 깊게 생각하지 않는다. 그리고 우리의 정체성을 이루는 이야기를 구성하는 것에서도 중심 축은 당연히 '의미행동'이 맡고 있다. 의미행동에만 의미가 부여되고, 우발사는 대부분 무시된다. 그리하여 그것은 우리의 기억 안으로 들어오지도 못한다. 왜냐고? 개연성이 없기 때문이다. 원인을 알 수 없는 결과는 개연성이 떨어진다. 우리는 개연성이 떨어지는 일들로 우리의 현실적 삶이 구성되기를 원하지 않는다. 하지만 말하고 싶은 것은, 우리의 현실적 삶을 이끌어 가고 있는 것들은, 대부분 우연히 발생하는 '해프닝'에서 결정된다는 사실이다. 우리 사는 세계는 개연성의 세계와는 반대다. 다시 말하지만, 개연성이 있는 의미 행동은 잘해야 몇 개 안 된다.

영화 〈버드맨〉에서 서사의 전환을 주도하는 세 개의 사건이 모두 우발사이다. '우발사가 우리의 인생을 이끈다'를 말할 때 이 영화가 가장 특별하게 떠오르는 이유이다. 헐리우드의 유명한 배우인 로버트 맥콜이나 톰 크루즈가 영화 속에서 이끄는 사건들은 모두 '의미행동'에서 발생되도록 구성되어 있다. 대중이 좋아하는 대부분의 영화가 그렇다. 우발사가 있긴 하지만 결코 결정적이지 않다. 그런데 〈버드맨〉의 주인공인 리건 톰슨을 끌고 가는 사건 전환은 모두 우발사로 인해 벌어진다. 이 영화에서는 사건을 끌고 가는 것이 주인공이 아니다. 그는 돌연히 벌어지는 우발사에 멱살 잡혀 끌려 다닐 뿐이다. 그 우발사의 첫 번째는, 위에서 얘기한 마이크라는 매우 중요한 인물이, 이 영화 속에서 공연되는 연극의 배우로 새로 등장하게 되는 사건이다. 연극 무대의 조명기구가 우연히도 연습 중이던 배우의 머리 위로 떨어진다. 그가 그곳에 앉기 전에 누군가가 천장으로 기어 올라가는 장면은 없었다. 이 사건은 우연히 발생한 일이었다. 선혈이 낭자한 배우가 병원으로 실려 간 뒤 그 빈 자리에 마이크가 등장한다.

두 번째 우발사는 연극 연습을 하던 주인공 리건 톰슨이 답답함을 이기지 못해 밖으로 나가 담배를 피우는 장면에서 일어난다. 그가 연극 무대에서 문을 열고 나간 곳은 대중이 오가는 대로변이었다. 문 밖에 서서 담배를 피운 그가 다시 돌아 들어가려고 하는데, 무대와 연결된 문은 단단히 잠겨 열리지 않는다. 게다가 알몸에 걸친 가운자락은 잠긴 문에 낀 채 빠지지 않는다. 그가 문 밖으로 나가기 전에 누군가가 그 문이 다시는 열리지 않도록 장치하는 장면은 없었다. 그것은 우연히 벌어진 일이었다. 그는 할 수 없이 문에 낀 가운을 벗고 알몸으로 수많은 사람들이 바라보는 거리를 질주해 극장 건물의 정문을 통해 들어가게 된다. 그곳은 실제 브로드웨이 극장들이 밀집해 있는 뉴욕 타임스퀘어의 중심부였다. 그 과정에서 그의 알몸은 브로드웨이 연극을 사랑하는 수많은 사람들 앞에 적나라하게 전시된다.

그는 이 일로 한동안 멀어졌던 뉴스에서 수많은 스포트 라이트를 받게 된다. 알몸의 사진이 신문에 나고, 어디를 가도 다시 알아보게 되는 인물이 됐다. 그렇지 않아도 잘 안 풀리는 인생이 더 꼬이게 된 것이다. 그 알몸 사건때문에 리건 톰슨은 너무 화가 나서 살고 싶은 생각이 없어진다. 톰슨은 오래 전 헐리우드 영화에서 새鳥로 분장한 '버드맨'으로 출연해 대중적인 인기를 얻었던 배우였다. 잊혀진 유명인이다. 그는 상업 영화에서 성공했다는 것보다, 뉴욕의 브로드웨이의 연극에서 성공하고 싶은 예술가로서 욕망이 있는 사람이다. 상업 영화에서 성공을 위해 달리는 것은 속물주의로 생각했다. 그는 연극 무대에서 성공하고 싶은 원대한 꿈을 가지고 브로드웨이로 돌아온 것이다. 성공해서 자존감을 되찾고 싶었다. 그런데 옷자락이 문에 끼는 바람에 웃음거리가 된 후, 자신의 운이 다했다고 생각하고 권총을 챙긴다. 그것은 소품용 권총이 아니었다. 권총을 들고 무대로 나간 그는 연기 중에 자신의 머리를 쏜다. 그런데 잘못 쏘는 바람에 죽지 못하고 코만 날아간다.

이것이 세 번째로 벌어진 이 영화의 우발사였다. 의도한 대로 죽었거나, 그 전에 정교하게 코만 날아가도록 연습하는 장면이 있었다면 이것은 우발사가 아니다. 코가 날아간 후 까닭을 알 수는 없지만, 그는 다시 유명해 진다. 내가 보기엔 알몸으로 브로드웨이를 달린 것과 크게 다르지 않을 웃음거리였는데, 이 해프닝을 웃지 못하게 만든 것은 평론가 디킨슨이었다. 디킨슨은 이 영화에서 두 번째 '대문짝'을 지상에 장식해 낸다. 평론가의 손재주가 이 해프닝을 웃음거리에서 건져 낸 것이다. 그는 그렇게 헐리우드에서 돌아와 브로드웨이의 예술가가 되는 꿈을 이뤘다. 이 세 개의 우발사가 이 영화의 서사를 이끈다.

그 사건 이전에, 톰슨의 주목할 만한 딱 하나의 '의미행동'이 있었다. 톰슨이 영향력 있는 평론가 디킨슨에게 접근한 일이었다. 그는 뉴욕의 연극계를 장악하고 있던 평론가 디킨슨이 써주는 평론으로 다시 유명해 질 수 있을 것이라는 기대를 가지고 있었다. 술집 바 저 건너편에 앉아 글을 쓰고 있는 그녀에게 접근한 톰슨은 '매우 의미 있는 행동'을 한다. 그것은 고등학교 시절 자신의 무대를 지켜봤던 작가 레이먼드 카버가 그의 연기를 칭찬하며 남긴 메모지를 디킨슨에게 내민 것이다. 레이먼드 카버는 그의 우상이었다. 자신이 연출하는 이 브로드웨이 연극도 레이먼드 카버의 소설을 각색한 작품이었다. 메모에는 '너의 진심 어린 연기가 너무 고맙다'라고 쓰여 있었다. 이후 이 메모는 그가 배우로서의 삶을 지탱하는 데 매우 큰 '서사'

가 된다. 어쩌면 카버의 이 메모가 할리우드의 대중적인 배우로 이룬 성공에 만족하지 못하고, 브로드웨이까지 오게 했는지도 모른다. 그는 그것을 부적처럼 간직하고 있었다. 톰슨은 자신에게는 신비한 힘을 가졌던 그 '부적'을 평론가인 디킨슨에게 들이민다. 하지만 그녀는 톰슨이 어렵게 접근해 내민 그것을 거들떠보지도 않는다. 영화 속 그의 가장 큰 '의미 행동'은 이렇게 좌절된다.

그런데 그 좌절된 의미 행동은 배우 마이크의 조작으로 다시 등장하게 된다. 톰슨에게 레이먼드 카버 메모 이야기를 전해 들은 마이크는 그 이야기를 자신의 서사로 꾸며 평론가 디킨슨에게 전하고, 다음날 신문에, 이것이 이 영화의 첫 번째 '대문짝'으로 실린다. 톰슨에게 훔친 이 서사로 마이크는 브로드웨이에서 매우 의미 있는 존재가 된다. 톰슨의 입장에서 보면 이것은, 자신이 의도하고 계획했던 그 '의미의 행동'이 얼마나 하찮은 것이었는지를 보여주는 동시에, 세상이 얼마나 어리숙한 곳이고, 그 어리숙한 세상에 당하는 자신이 얼마나 우스꽝스러운지를 고루 경험하게 되는 사건이 된다. 아마 영화의 작가는, '우발사'가 영화의 서사를 지배하는 것과 그 '의미행동'의 졸렬함을 보여줌으로써, 이 영화가 얼마나 우리의 현실과 닮아 있는지를 말하려 했을 것이다.

이 영화의 부제가 '예기치 않은 무지의 미덕'인 것은 의도한 바를 제목에 내걸었다고 보여진다. '예기치 않았다'라고 하는 것은 우발사를 말하는 것이다. '미덕'이라고 하는 것은 우리가 즐겨 사용하는 용어로 말하자면 '외부효과'이다. 의도하지 않은 것이 터져서 성공으로 간 것의 의미로 '예기치 않은 무지의 미덕'이 쓰였다면 그것은 매우 적절한 제목이었다. 우리 인생을 이끌고 있는 것은 우리가 계획한 의미 행동들이 아니고, 우발적으로 발생하는 사건들이라는 뜻이다. 그대가 가는 길에는 예기치 않은 미덕들이 수두룩하고, 예기치 않은 부덕들 역시 지뢰처럼 묻혀 있다. 우리가 인생을 주도하고 있다고 생각하지만, 인생을 주도하고 있는 것은 이런 우연들이 아닐까.

영화에는 톰슨이 상업적으로 성공했던 영화 〈버드맨〉의 환상이 흐른다. 톰슨은 영화 속에서 새로 분장한, 날개를 가진 또 하나의 자신과 붙어 산다. 그와 동시에 존재하는 것은 과거의 그의 '서사'이다. 환상 속 그 분신은 버드맨의 분장을 하고 방 구석 어디선가 불쑥 나타나거나 창밖으로 뛰어 올라 하늘을 날기도 하고, 가지고 있는 서로 간의 은밀한 이야기들로 공격하기도 한다. 그 은밀한 것들은 대부분 정직한 것들이다. 감출 수 없다는 점에서 톰슨은 늘 버드맨에게 주눅이 들어 있다. 그래서 톰슨은 '버드맨'이라고 하는 픽션을 자신의 이야기에서 지워 버리고 싶었을 것이다. 갈아 타고 싶었을 것이다. 그것은 이미 낡을 대로 낡아 새로운 서사가 절실한 시점이었다.

권총의 오발로 코만 날아간 뒤, 그것이 평론가 디킨슨에 의해 대서특필 되면서 그는 브로드웨이의 예술가로 새로운 픽션을 얻었다.

헐리우드의 속물 배우로서 잊혀져 가는 중이었지만, 그 기사 이후 브로드웨이의 배우로 성공한다. 새로 얻은 이야기 속 그는 상업주의 속물 배우가 아니라, 브로드웨이 연극 무대 위로 아낌없이 몸을 내던진 용기있는 배우였다. 자신의 프로그래머가 디킨슨이 쓴 '대문짝' 기사를 들고 들어왔을 때, 톰슨은 그것을 확신하게 된다. 침대에서 일어나 화장실로 가 거울에 비춰진 얼굴을 확인하는데, 붕대를 벗겨 내 보니 크게 망가지지 않은 코가 매우 다행스럽다. 그것을 보며 만족해 하는 순간, 옆에서 변기 물 내리는 소리가 들린다.

거기에는 이제는 한물간 이야기 속 날개 달린 또 다른 자신이 앉아 있다. 언제나 자신보다 당당했던 그가 이제 매우 초라해 보인다. 톰슨은 '낡은 버드맨'을 변기 위에 버려 둔 채 화장실에서 나와 창밖을 원대한 시선으로 바라본다. 한동안 그렇게 바라보던 그는 창문 밖으로 몸을 던진다. 그러나 죽는 장면이 아니다. 자살하기 위해 창문 밖으로 몸을 던지는 자의 표정이 그렇게 해맑을 수는 없는 것이다. 어쩌면 화면 밖 그곳에서 그는 새로운 날개를 펴고 날고 있었을 것이다. 뒤늦게 들어온 그의 딸이 창문 밖을 바라보며 웃는 장면이 있다. 리건 톰슨은 낡은 이야기를 버리고 새로운 이야기를 얻었다.

죄의식이 지배한 내면의 서사

'응시', 망각의 방식으로 잠재된 시선

〈에땅도네Étant donnés〉는 마르셀 뒤샹Marcel Duchamp이 제작한 그의 인생의 마지막 설치 작품이다. 갤러리 한편에 있는 낡은 나무문 앞에 서면, 관람자는 우선 그 문짝이 얼마 전까지만 해도 성스러운 교회의 돌쩌귀에 걸려 있었다는 사실에 사로잡힌다. 물론 픽션이다. 그러나 이 '성스러움'은 잠시 후 목도하게 될 그것에서 충격을 더욱 크게 할 일종의 증폭기이다. 어쨌든 이 픽션으로 인해 자신이 성스러운 것의 포로가 된 느낌을 가졌다면 '잘 갖춰진 성역' 안으로 들어선 것이다.

그리하여 문짝에 난 두 개의 작은 구멍에 눈을 가져다 대게 된다. 보이는 것은 마른 풀밭 위에 나체로 누워 있는 여자다. 나무와 바위가 보이고, 멀리 폭포가 흐른다. 여자는 다리를 벌린 상태인데, 성기는 관람자를 향해 있다. 피부에서 전혀 생기가 느껴지지 않지만, 손에는 불이 켜진 가스등을 들고 있다. 단 하나의 시점에서만 볼 수 있

마르셀 뒤샹, 〈에땅도네〉, 1946~1966
이 문에는 두 개의 작은 구멍이 뚫려 있으며, 이 구멍을 통해 안을 들여다 보게 된다.

마르셀 뒤샹, 〈에땅도네〉, 1946~1966
이 여성의 나체 하반신은 귀스타브 쿠르베의
〈세계의 기원 L'Origine du monde〉(1866)을 참조한 것으로 알려져 있다.

도록 설계된 이 '엿보기' 구조는 관람자로 하여금 의도치 않게 관음자의 위치에 서도록 만든다. 이 여성의 몸은 정적이고 수동적이다. 죽은 것처럼 보이는 그녀의 몸은 에로스와 타나토스, 즉 생과 사의 긴장 위에 놓인다. 그녀는 완전히 수동적인 대상으로 보이지만, 그 무기력함 속에는 과잉된 쾌락의 징후, 형언할 수 없는 충동이 응축되어 있다. 벌어진 다리와 노출된 성기가 불러온 이 돌연한 사태는 더 이상 우리의 언어로는 포획되지 않는다.

관람자는 이 장면에서 '봤다'라기보다 '들켰다'에 더 크게 사로잡힌다. 봤다와 들켰다의 사이에 어떤 음모가 도사리고 있는지 헤아릴 수 없다. 본 것은 증명할 수 있지만, 증명할 수도 없는 '들켰다'에 더 크게 사로잡힌 이유는 무엇일까. 실제로 알 수 없는 시선에 내가 노출되어 있다는 느낌이 강렬하다. '나를 보고 있는 당신은 누구인가'. '보여졌다'는 이 돌연한 노출로 인해 나는 머리가 텅 빈다. 가까스로 그곳에서 나온 이후에도 나를 보고 있는 그 시선은 오래 지속된다. 이 '응시'는 과도하고 집요하다. 이 사태는 설명할 수 없는 방식으로 내게 각인된다.

관람자는 두 개의 감각을 동시에 느낀다. 명백한 쾌락과 죄의식이 준 공포다. 그 성스러운 문짝에 나 있는 두 개의 구멍을 통해 죽은 듯한 여인의 나체를 훔쳐보는 시각적 체험은 에로티시즘을 넘어선다. 에로틱한 느낌은 나무들 너머로 서둘러 사라지고, 뒤통수를 덮쳐 오는 기괴한 그것은, 누군가에게 들켰다는 내면의 위축과 설명할 수 없는 죄의식이다. 하지만 그것은 밖에서 온 것이 아니다. 그대 '주름'의 갈피 속에 '망각의 방식으로 잠재되어 있던 시선'이다. 이 응시는 최초의 양육자인 '어머니'의 시선에서 비롯된다. '에덴'에서 쫓겨나면서 의식의 저 밑에 묻고 떠나온 '원초적 사랑의 눈빛'이자 '안 돼'라고 하는 언어의 냉혹함이 공존하는 눈빛인 것이다. 쾌락의 한편에 두려움이 뒤섞인 이 '응시'는 거역할 수 없는 대타자의 눈빛으로 해석된다.

인간은 언어라는 담화 구조 속에서 주체가 되지만, 그 담화는 항상 '나'를 보는 자, 나를 규율하는 자, 나보다 앞서 말한 자를 전제한다. 그것이 바로 대타자이며, 그의 시선은 쾌락의 기원과 죄의식의 원인을 동시에 제공한다. 여기에서 이 죄의식은 응시에서 발생한다. 죄의식은 이미 우리 안에 내면화되어 있는 것이다. 설령 내가 규칙을 어기지 않았더라도, 나는 여전히 '그 시선' 앞에 불편하다. 이것이 바로 우리의 담화 속에서 작동하는 죄의식의 방식이다. 우리는 누군가가 보고 있다는 전제를 내면화한 채로 살아간다.

푸코의 말처럼, '감옥은 바깥에 있지 않다. 감옥은 이미 우리 안에 들어와 있다'. 〈에땅도네〉는 이 점에서 한 장면으로 응축된 하나의 우화이다. 열리지 않는 문, 볼 수는 있지만 접근할 수 없는 장면, 우리가 쾌락을 추구할수록 그 쾌락이 부끄러울 수밖에 없다는 내면의 목소리, 그 응시는 실제로 누구의 시선도 아니지만, 담화 속에서는 실제로 작동한다. 이처럼 죄의식은 이야기의 형식으로 작용하며, 오랜 시간 낡은 담화 속에서 유령처럼 떠돈다.

애나 가족의 서사

세바스티안 렐리오Sebastián Lelio 감독의 영화 〈더 원더The Wonder〉에는 서사구조를 지탱하는 두 개의 강력한 담화가 존재한다. 첫 번째는 지배자의 픽션, 곧 권력의 서사이다. 이것은 로마가톨릭위원회가 중심이 되는 종교적 서사이다. '애나라는 아이가 넉 달 동안 아무것도 먹지 않고도 살아남았다'는 주장으로 형성된 이 이야기는 종교와 신의 존재를 증명하려는 목적에서 작동한다. 이 담화의 주체는 교회인데, 공동체적 믿음을 유지한다는 명분을 가졌다. 명분의 핵심을 이루고 있는 것은 '기적'이다.

두 번째는 애나 가족의 픽션이다. 이 담화는 더 사적이며 내밀한 서사이다. 애나는 9살 때 오빠에게 성폭행을 당했고, 오빠는 곧 죽었다. 이후 오빠가 연옥에 있으며, 그가 천국에 들어가기 위해서는 애나가 금식 기도를 해야 한다는 서사가 가족 안에서 공유된다. 그러나 실제로 애나는 금식하지 않는다. 애나의 엄마가 음식물을 입에 머금고 와서 애나와 입맞춤을 하며 먹인다. 애나에게는 이것이 '하나님이 주신 천상의 만나manna'라는 픽션으로 주어진다.

세바스티안 렐리오 감독, 영화 〈더 원더〉, 2022

이 두 개의 서사는 서로 대립하지 않는다. 오히려 서로를 지지하는 방식으로 작동한다. 가톨릭위원회는 애나를 '기적의 주인공' 자리에 앉히고, 가족은 그 기적을 유리한 방식으로 해석하며 수용한다. 이야기를 지속 시키는 것은 사실 여부가 아니다. 믿음의 진정성보다는, 믿음을 유지할 만한 이유가 더 중요하다. 이때 중요하게 여겨지는 것은 개연성이다. 개연성은 그 이유가 가진 미필적 고의가 치러야 하는 최소 값인 것이다.

간호사 립은 애나가 넉 달 동안이나 먹지 않고 살아남았다는 이 기적의 담화를 검증하기 위해 파견된다. 그러나 위원회가 간호사 립의 검증을 통해 바라는 것은 진실을 밝히는 것이 아니다. 이 픽션이 외부의 의심에 노출되지 않고 잘 작동하고 있는지를 파악하는 것이다. 이를테면 이것은 화이트 해커가 보안망의 헛점을 찾는 일과 유사하다. 2주라는 사찰 기간이 설정되었고, 이 기간만 무사히 넘기면 기적은 유지된다. 그러나 간호사 립은 애나 엄마가 실제로 애나에게 음식을 전달하고 있는 것을 포착한다.

위기는 여기에서 시작된다. 립이 눈치챘다는 것을 인식한 애나의 엄마가 더 이상 음식을 전달하지 않기 시작한 것이다. 이때부터 애나는 실제로 금식을 하게 된다. 말 그대로 목숨을 건 금식이다. 픽션이 더는 은폐로 유지될 수 없게 되었을 때, 사태는 '실재'를 요구하게 된다. 애나 가족은 픽션을 유지하기 위해 애나의 희생을 선택한다.

다급해 진 것은 간호사 립이었다. 연옥에 있던 오빠가 천국에 들어갔는지를 확인할 방법이 없으니, 애나의 금식은 끝날 수가 없는 것이다. 이 이야기를 믿는 한 애나는 죽게 될 것이다. 립이 이 거짓을 알게 된 후 애나 가족의 픽션은 더욱 공고해 지고 처절해 진다. 립은 애나 엄마에게 '오늘부터 다시 애나를 포옹해 주세요'라고 말하지만, 애나 엄마는 거절한다. 립에게 들켰다는 사실이, 자신의 내면의 신과도 더이상 공모할 수 없는 국면에 들어섰다는 것을 말하고 있었다. 자신과 자신의 신을 속일 개연성이 사라졌다. 이제 그녀 앞에는 픽션이 사라진 피투성이의 시간이 놓였다. 마지막 장면에서 애나 엄마는 이렇게 말한다. "우리 아이들 둘은 모두 천국에 갈 거예요." 새로운 서사가 생겼고, 그녀는 그렇게 돌이킬 수 없는 길로 들어선다.

현실은 언어와 제도가 지배하는 질서이며, 서사는 이 속물계 안에서 권위를 구성한다. 애나 가족의 픽션은 현실에서 보상을 얻는 서사이다. 죄책감과 속죄, 정화라는 구조를 통해 사건을 감내할 수 있도록 만들어진 픽션이다. 이러한 픽션이 애나의 신체를 희생시키며 지속되고 있었던 것이다. 자크 라캉Jacques Lacan의 귀띔을 빌려 말하자면, 실재實在-le Réel-Actual Being는 상징계의 질서에 포획되지 않으며, 결국 언제든 파국적인 방식으로 귀환한다. 영화 속 실재의 귀환은 바로 애나의 죽음이었다. 영화에서 픽션을 유지하기 위한 비용은 애나의 목숨이며, 이는 이야기가 '실재'를 어떻게 소진시키는지를 적나라하게 드러낸다. 이렇듯 담화는 개연성으로 권위를 얻지만, 실재의 희생으로만 지속된다.

삶에 작동하는 담화

간호사 립도 자신의 서사 속에 고립되어 있는 인물이다. 그녀는 크림 전쟁에서 간호사로 복무한 후, 자신의 아이를 잃고 남편에게서 버림받은 이야기를 안고 살아간다. 이러한 고통 속에서 립은 밤마다 아편을 복용하며 잠을 청한다. 이것은 그녀가 자신의 서사로부터 벗어나지 못하고 있음을 보여준다. 하지만 립에게서 주목하게 되는 것은 자신의 서사를 대하는 그녀의 태도이다. 아편을 복용해야만 잠들 수 있지만, 그 반대편에서는 왕성한 식욕과 욕망을 보여준다. 그리고 애나의 상황을 보는 관점도 권력에 끌려다니는 관점이 아니다. 이러한 태도에서 그녀가 자신의 서사를 능동적으로 재구성할 가능성이 엿보인다. 그리고 애나의 문제에서도 위원회에 굴복하지 않을 의지가 읽힌다.

립과 행동을 같이하게 될 기자 윌리엄 번 역시 가족이 기근으로 인해 사망한 비극적인 과거를 가지고 있다. 그가 집을 떠나 있는 동안, 그의 아버지는 기근의 절망 속에서 가족 모두를 창고에 가두고 함께 굶어 죽는다. 이러한 극단적인 선택은 당시 아일랜드 대기근의 참혹함과 그로 인한 절망을 극명하게 보여준다. 번은 애나의 이야기를 취재하기 위해 고향으로 돌아오지만, 그의 내면에는 여전히 가족을 잃은 상실과 고통의 서사가 지배하고 있다. 여기에서 립과 번 이 두 사람을 괴롭히고 있는 핵심에는 죄의식이 있다. 립에게 죄의식을 갖게 하는 것은 죽은 아이였고, 번에게 죄의식을 갖게 하는 것은 자신의 가족을 부양해야 할 시점에 고향을 떠나 있었다는 것이었다. 죄의식은 두 사람의 인생을 가장 강하게 지배하고 있는 서사였다.

이미 정해진 자

누군가 보고 있다는 것

마르셀 뒤샹의 〈에땅도네〉 문짝을 통해 우리가 조우하게 되는 것은, 내 시선이 가 있는 곳에서는 발견되지 않는다. 설명하기 쉽지 않지만, 그것은 뒤통수에서 느껴진다. 여기의 뒤통수는 실제로 뒤통수를 뜻하는 것이 아니다. 그것을 설명할 수 없으니, 가장 먼쪽에서 고르자면 뒤통수인 것이다. 그곳이 어디 건, 나를 바라보고 있는 그것은 아주 '오래된 시선'이다. 줄곧 나를 보고 있었으나, 그것을 의식한 것은 처음이었다. 누군가가 나를 보고 있었다는 것을 깨닫게 된 순간이었다. 매우 낯설었지만, 그 기괴한 낯섦을 굳이 설명하자면, '다시 올 리 없는 것이 왔다'는 것이었다. 절실함만으로도 소름이 돋았다. 그리고 그 간절함은 곧 두려움으로 치환됐다.

그것은 오래전 '엄마'와 함께 나를 떠났던 시선이었다. 애틋함과 두려움을 섞어내는 기묘한 시선이었다. 지금까지 나는 '보는 자'라고 생각하며 살아왔는데, '보여지고 있다'는 것을 더 크게 깨닫게 된 순간이었다. 그 시선이 원초적 기억 속에서 되살아난 것이다. 내가 누군가를 보는 것보다 누군가가 나를 보고 있다는 사실이 이토록 크게 지배한 일은 없었다. 이 지점을 미술사학자 할 포스터Hal Foster는 라캉의 '응시' 이론을 빌려 분석했다. 그는 〈에땅도네〉를 '응시를 불러오는 장치'로 읽는다. 그는 〈에땅도네〉가 응시의 장치를 어떻게 작동시키는지를 설명하고 있다. 구멍을 통해 바라보는 이 장면은 관람자를 단순히 '보는 자'가 아니라, '시선에 포획된 자'임을 깨닫게 한다.

    나를 보고 있는 시선은 조금 전 내가 보았던 대상, 그 여인의 시선이 아니다. 누군가의 다른 시선이다. 오래전 내게서 사라진 그것이 다시 돌아온 것으로, 포스터는 그것을 '실재의 귀환'으로 읽었다. 최초 양육자의 따뜻한 시선이, 어느 날 매섭게 돌아섰던 그 상흔이 '가스등 불빛'을 타고 돌아온 것이다. 헤아릴 수 없는 강한 쾌락 너머에 존재하고 있었던 원초적 기억이 터지는 순간이다. 그대는 이 순간 이중의 시선 속에서 분열된다.

    뒤샹은 이렇게 욕망의 작동 방식을 극한까지 밀어붙임으로써, 우리를 무엇인가가 결정적으로 '빠져나간' 자리로 데려간다. 그곳은 분열된 상태로 버려진 '공백'이다. 〈에땅도네〉는 보는 것을 넘어서, 보이지 않는 것, 보일 수 없는 것을 체감하게 한다. 그리고 그것은 우리를 해석 불가능한 공백과 맞닥뜨리게 한다. 구멍과 관음의 구조, 이 시선의 전복인 응시가 만든 공백이다. 그것은 내가 본 것을 부인하는 방식으로 내 세계를 지우게 하고 '공백'으로 유도한다.

공백, 욕망과 두려움이 겹쳐지는 정동의 경험

그러나 이 공백은 단순한 '텅 빔'이 아니다. 우리는 거기서 누군가가 혹은 무엇인가가 나를 보고 있다는 감각에 휩싸이는 것이다. 그러므로 그 공백은 비어 있는 것이 아니다. 그것은 실체 없는 응시가 지배하는, 실재가 틈입하는 통로이다. 그 순간, 시각은 지각을 넘어서며 충동이 발생한다. 사랑과 두려움이 동시에 밀려들고, 욕망과 공포가 겹쳐지는 감각적 진동이 일어난다. 말로 붙잡을 수 없는 그 떨림, 그것이 바로 충동의 양면성이다. 공백은 더 이상 허무가 아니다. 그것은 실재의 틈이자, 신의 응시가 잔향처럼 감도는 지점이다. 우리는 그 너머에서 말해질 수 없는 신적 감각의 섬광을 느낀다.

그것은 오래전 나를 떠나 매우 낯선 존재가 되었다. 그 낯섦의 깊이가 끝없어 공포와 손을 잡고 있다. 뒤샹은 〈에땅도네〉를 통해 이러한 감각을 제조해 낸다. 나카타 히데오中田秀夫의 〈링〉이나 구로사와 기요시黒沢清의 〈큐어〉 같은 영화 장면에서 볼 수 있는 조용하고 아무 일도 벌어지지 않는 공포의 침묵을 만들어 낸다. 우연히 의식한 시커먼 창이 커다란 눈이 되어 나를 응시하고 있는 것이다. 이러한 장면들은 보는 것과 보이는 것 사이의 전도된 긴장을 정교하게 만들어 낸다. 내가 본 것이 아니라 이미 나를 보고 있던 것이 나를 불러낸 순간이며, 시간적으로는 내가 먼저 봤다고 믿고 싶지만, 실은 그 장면 속에서 나는 이미 응시 당한 존재인 것이다. 그렇게 '나는 나를 안다'는 주체의 자명한 자기 인식이 허물어진다. 이것으로 나는 '텅 빈 나'와 마주하게 되는 것이다. 공백은 이처럼 단순한 결핍이 아니다. '과잉 조작된 결핍'이고, 주체가 침묵 속에서 도달하게 되는 그 너머의 자리이다.

'이미 정해진 자'가 의미하는 것

마르셀 뒤샹은 제2차세계대전이 끝난 1946년, 뉴욕 그리니치 빌리지 아파트에 은둔한다. 그 후 20여 년 동안 하나의 작품에 몰두하게 된다. 그 오랜 시간 동안 만든 것이 단 하나의 설치 작품이라는 점이 흥미롭다. 외형만 보면 〈에땅도네〉는 그다지 오래 걸리지 않아도 될 작품처럼 보인다. 그러나 '에땅도네'라는 제목이 주는 깊이에서 범상치 않은 느낌을 가진다. 작품의 제목 에땅 도네Étant donné의 '주어진다Donné'가 가진 수동성의 의미가 철학적 사유를 촉발하는 것이다. 제목에 '주어진 것'은 폭포와 가스등이다.

하지만 이런 해석은 이미 촉발된 소설가의 상상을 막지 못했다. 방 안의 모습을 보기 위해 구멍에 눈을 들이댄 순간 작품의 의도 안으로 끌려 들어간다. 들어가면서 이미 수많은 분석가들이 예고했듯이 알 수 없는 시선을 느끼게 된다. 그것을 느끼는 순간 관람자는 자신이 '내던져진 존재'라는 또 다른 관점에 사로잡히게 되는 것이다. 나는 그것을 느꼈다. 태어났을 때 이미 나는 '주어진' 조건 속으로 내던져진 존재인 것이다. '세상에 던져졌다'는 인식은 '주어진다Donné'

나카타 히데오 감독, 영화 〈링〉, 1998　　　구로사와 기요시 감독, 영화 〈큐어〉, 1997

가 가진 수동성의 의미에서 비롯된다. 삶을 스스로 개척한다고 믿으며 존재해 왔지만, 세상에는 그런 존재가 없다는 것을 알고 있다. 〈에땅도네〉를 보면서 낯선 시선을 자각한 사람이라면, 우리는 우리가 선택하지 않은 조건 속으로, 이를테면 '주어진 것' 안으로 이미 오래전에 '내던져진 존재'라는 사실을 자각하게 될 것이다.

그곳에는 무성한 풀과 폭포 그리고 나무밖에 없지만, 그것들은 관람자가 '응시의 세계' 속으로 내던진 것을 실감할 수 있도록 설치되어 있다. 그런 감각이 새로울 리 없지만, 그런 자각을 그토록 절실히 느낀 것도 처음일 것이다. 하이데거의 현존재Dasein는 이러한 '내던져짐Geworfenheit' 속에서 자신의 존재를 발견하는 존재이다. 그 누구도 자신의 출생을 선택한 자는 없다. 우리 모두는 우리가 만들지 않은, 이미 주어진 세계 속으로 들어와 있다. 그대와 나는 이미 주어진 상황 속에서 삶을 시작했다는 것인데, 이러한 철학적 논의는 우리가 스스로 세계를 전적으로 구성한다고 믿는 근대적 환상을 허물었다.

누구의 아들로, 어떤 나라와 신분 속에, 어떤 성 정체성으로, 그리고 주어진 언어의 틀 안에서 우리는 태어난다. 푸코의 말대로, 우리는 어떤 시대의 에피스테메, 이미 규정된 지적 체계 속으로 미끄러지듯 도착한 것이다. 짜여진 픽션 속으로 들어온 자, Étant donné의 의미대로 '주어진 것들' 안으로 들어온 것이다. 이렇게 우리는 깨닫게 된다. 우리가 가진 그것이 문학적 서사구조와 다르지 않다는 것을⋯

실재를 흔들어 깨우는 것이다. 그리하여 우리가 서 있는 자리가 얼마나 정교한 픽션이었는지, 그 환상을 해체하는 것이다. 그 후에 맞게 되는 이 아찔한 공백은 나쁜 것이 아니다. 우리의 감각이 그곳의 '공백'에 소요를 일으키지 않도록 마음을 가라앉히고 주시하면, 이 공백을 빚어 낸 것이 알랭 바디우Alain Badiou가 예고한 '사건'임을 알게 될 것이다. 돌연히 사건이 벌어진 후, '어, 이게 뭐지' 하는 알 수 없는 공백의 시간이 도래하고, 그렇게 공백이 열리면 비로소 그 공백 안으로 주체가 움직이는 순간을 맞이하게 되는 것이다. 그동안 없다고 여겼던 주체가 모습을 드러내는 순간이다. 그 텅 빔에서 우리는 낡은 담화를 버리고, 새로운 담화를 선택하며, 새롭게 서사를 구성하게 된다.

성역, 샤먼의 공간

〈에땅도네〉에서 응시를 경험한 관람자는 그것에서 경험한 신비로 인해 어쩌면 그곳을 성역聖域으로 여길 것이다. 그러한 '대타자의 시선'을 느낄 수 있는 곳은 〈에땅도네〉 말고 또 있다. 그곳은 '교회'다. 우리는 성당이나 모스크에서도 '응시'를 느낀다. 오랜 세월 동안 '신비'에 대한 해석은 우리의 몫이 아니었다. 신비에 대한 해석은 샤먼의 몫이었다. 해석의 권위가 불가침의 힘을 부여 받은 그곳은 샤먼의 공간, '소도蘇塗'이다. 소도의 상징물인 솟대 끝에 앉은 새는 하늘과 땅을 잇는 상징이자, 사람과 신을 잇는 샤먼의 기호였다. 이 기호는 여전히 우리 안에 있고, 소도의 '응시'는 무소불위의 힘을 가진다.

우리가 주목하게 되는 본질적인 문제는 우리 스스로가 이 성역을 원하고 있다는 점이다. '신의 시선'을 피할 수 없다면, 방법은 한 가지밖에 없을 것이다. 우리가 그 시선을 가두는 방법이다. 우리는 어떤 이유로든 스스로 '성역'이라는 그 '응시의 구조' 속으로 들어가기를 원한다. 성역 안에서 옷깃을 여미는 몸짓, 경건함 속에서 더 분명해지는 죄의식, 속죄와 용서의 질서에 순응하는 자신의 행위 안으로 도피하는 방법은 불가사의하게도 최적의 선택이었다. 이것은 슬라보예 지젝의 '죄의식으로의 도피Escape into guilt'와 같은 방향성을 가진다. 오랜 시간 동안 이 '응시'를 견딜 수 있었던 것은, 우리가 그것을 적절히 가둘 수 있는 방법을 찾았기 때문인지도 모른다. 이 방법이 없었다면, 우리는 이미 소멸했을 것이다.

미셸 푸코의 '시선'은 이러한 구조를 꿰뚫는다. 그의 말처럼, 시선은 단지 누군가를 보는 것이 아니라, 보이지 않는 권력이 우리를 응시하도록 만드는 구조이다. 시선은 감시의 도구이자, 자기 검열을 가능하게 하는 힘이다. 우리가 성역 안에서 스스로를 통제하고, 내면의 '부도덕함'을 부끄러워하며, 무엇인가를 '지켜야만 한다'고 느끼는 바로 그 지점에서, 신의 시선은 우리 안에 자리 잡게 된다. 그리고 우리는 그곳에서 매우 신성한 시간을 갖게 된다. 정죄함의 거룩한 시간이 음악과 함께 웅장한 성소 건물 위를 흐르는 동안, 우리는 회개하고 감사할 것이다. 회개와 감사는 매주 정해진 시간에 반복된다. 죄를 짓지 않고 존재할 수 없는 이 숙명적인 존재들은 그것을 반복하고 또 반복한다. 그리고 믿는다, 나를 정죄하는 '응시'는 오직 여기에만 있다는 사실을……. 그 굳은 픽션으로 우리는 평안을 얻는다. 그것이 성당이든 사찰이든 모스크이든 그 눈빛이 그곳에만 존재하고, 그곳의 샤먼에 의해서만 해석된다는 것은 정말이지 다행스러운 일이다. 나의 쾌락이 지천에서 만나게 되는 내 이웃들에 의해 해석되지 않을 수 있다는 것에 감사한다. 우리는 그것이 오직 '성소'에서만 가능하다는 서사 속에 있는 것이다. 우리의 '교회'는 그런 역할을 기꺼이 담당한다. 그리하여 우리의 시간은 그곳에서만 부끄럽고 동시에 성스럽다. 그곳만을 성역으로 규정하는 이해관계에서 맺게 되는 이 계약은 그대에게는 손해 볼 일이 없는 서사이다.

하지만 우리가 가진, 죄의식이 지배하는 이 서사는 시간 속에서 낡아 진다. 성소의 문턱이 닳는 이유이다. 시간이 흐르고 믿음이 삭게 되면, 우리는 새로운 성역을 찾아 산기도를 떠나야 하는 것이다. 우리의 서사가 '신비'를 생산하지 못하기 때문이다.

죄의식에 굴복하지 않은 두 개의 서사

욥 – 죄의식이라는 감옥

철학과 예술 전역에서 가장 많이 인용되는 성경 속 인물은 욥이다. 욥은 인간이 겪을 수 있는 고통을 가장 끔찍한 방식으로, 그리고 가장 극단적인 농도로 체험한 인물이다. 하지만 그는 고통 속에서도 죄의식으로 도피하지 않았다. 욥은 그 고통이 세상의 악이나 타인의 탐욕에서 온 것이 아니라, 하나님에게서 온 것이라는 것을 알고 있었다. 「욥기」 13장의 다음과 같은 호소에서 그것을 알 수 있다. "내 죄악이 무엇인지 알게 해주시고, 내가 범한 죄를 내게 보여 주소서. 어찌하여 주는 얼굴을 숨기시고 나를 원수로 여기시나이까?" 욥은 '흠 없이 정직하며 하나님을 경외하고 악에서 떠난 자'였다.

그는 혹시 자신의 자식이 죄를 지었을까 염려하여 매일 번제를 드릴 만큼 신중하고 도덕적인 사람이었다. 그런데 사탄이 하나님께 이렇게 말한다. "욥이 까닭 없이 하나님을 경외하겠습니까? 그에게서 모든 것을 빼앗아 보십시오. 분명히 하나님을 저주할 것입니다." 이해할 수 없지만, 이 말에 하나님은 욥을 사탄에게 넘긴다. "죽이지만 말라." 그리고 욥에게 참혹한 재앙이 퍼부어진다. 사자들이 욥의 가축과 일꾼들을 죽이고, 하늘에서는 불을 내려 양과 종들을 태운다. 갈대아인의 습격으로 낙타 떼가 사라지고, 마지막으로 그의 자식들이 한 집에 모여 있을 때, 집이 무너져 모두 죽게 된다. 욥은 겉옷을 찢고 머리를 밀고 땅에 엎드려 울부짖으며 이렇게 말한다. "내가 모태에서 알몸으로 나왔사온즉, 또한 알몸이 그리로 돌아가올지라. 주신 이도 여호와시요, 거두신 이도 여호와시니 여호와의 이름이 찬송을 받으실지니이다."

욥이 고통 속에서도 하나님을 저주하지 않았으므로 사탄은 다시 도전한다. "사람이야 자기 생명을 지키기 위해서는 무엇이든 바칠 것입니다. 그 몸을 치면 분명히 주를 저주할 것입니다." 하나님은 다시 허락한다. "그를 네 손에 맡기되, 죽이지만 말라." 이번에는 욥의 온몸에 악성 종기가 생긴다. 하루아침에 모든 것이 무너졌다. 자식들은 죽고 재산은 불탔으며, 피부는 썩어 갔다. 욥은 잿더미 위에 누워 있었다. 고통 속에 치를 떠는 그에게 그의 아내가 말한다. "당신이 그래도 자신의 온전함을 지키느냐? 차라리 하나님을 저주하고 죽어 버리라."

알 수 없는 고통이 시작되면, 우리는 누군가가 나서서 이 사태를 설명해 주기를 원한다. 왜 이런 일이 내게 일어나는가. 이 질문은 고통이 비롯된 곳을 알고 싶다는 뜻이 아니다. 내가 사는 세계가 여전히 의미 있고 질서정연하며, 내가 지금 겪고 있는 이 고통에도 반드시 이유가 있을 것이라는, 이를테면 이 모든 것이 내가 포착해 낼 수 있는 질서 안에서 일어나고 있을 것이라는 안도를 얻기 위한 것이다. 하지만 돌연히 닥치는 모든 불행은 우리가 알 수 있는 질서 밖에서 일어난다. 왜 하필 이 때에 내게만 이런 일이 벌어지는가. 그것이 어디에서 왔는지 알 수 없는 절망 속에서 우리는 주어진 고통에 투항한다. 그리하여 그것이 그냥 일어났을 리 없고, 아마도 '내 잘못'에서 비롯되었을 것이라고 생각하는 것이다.

그렇게 생각하면, 불가사의하게도 위안을 얻게 된다. 믿을 수 없게도 이 평안은 고통 중 달콤하다. 지젝은 이것을 '죄의식으로의 도피'라고 불렀다. 자신을 덮친 이 무질서한 폭력을 도덕이라는 이름으로 다시 질서화하는 심리적 기제인 것이다. 이것이 우리 안에서 죄의식이 하는 일이다. 죄의식은 고통을 감내하는 방식이 아니라, 자신이 짊어져야 할 이유가 될 고통에 의미를 부여함으로써 질서에서 소외되지 않으려는 기제이다.

그 후 욥에게 친구 엘리바스와 빌닷과 소발이 찾아오는데, 친구들은 집요하게 욥의 죄의식을 부추긴다. "네가 이런 벌을 받게 된 것은 분명히 죄가 있기 때문이다. 스스로를 돌아보고 회개하라." 하지만 고통이 죄의 결과라면, 우리는 죄를 짓지 않음으로써 그것을 피할 수 있다. 세계는 여전히 도덕적으로 기능하고 신은 공정하다는 생각 속에 살 수 있다. 그러나 욥은 그것을 거부한다. 그는 고통의 원인을 죄로 돌리지 않는다. 그리하여 다시 신에게 묻는다. "주께서 손수 나를 빚으셨거늘, 어찌하여 나를 삼키시나이까?" 이 절규에는 죄의식으로 도망치지 않겠다는 뜻이 있다. 그는 차라리 무의미를 껴안는다. 죄의식이 주는 도덕적 질서 대신 설명되지 않는 고통을 감내한다. 그 침묵과 부조리한 고통 속에서 그는 집요하게 묻는다. 지젝의 시선에서 보자면, 욥은 죄의식이라는 위안의 틀을 벗어나 진실에 도달하려는 실존적 행위자였다. 그는 고통을 해석하지 않고 그것을 살아 낸다. 그리고 그 고통 속에서도 자기 존재의 무게를 잃지 않는다. 죄를 인정함으로써 얻을 수 있는 감정적 안도, '내가 잘못했으니 이 고통은 당연하다'는 속삭임을 거부한다. 그는 오히려 신 앞에 그 고통이 왜 자신에게 왔는지를 묻는 존재로 선다.

이 점에서 욥은 신학적 인물이기보다 철학적 인물이다. 그는 순천자흥 역천자망順天者興 逆天者亡과 같은 도덕적 질서를 믿지 않는다. 그는 거짓 의미 대신 고통 그 자체와 마주 서는 인간이 되는 것이다. 고통의 가장 깊은 곳에서 그는 침묵하는 신을 응시하며, 신의 침묵 앞에서 물러서지 않는다. 결국 신은 침묵을 깨고 욥 앞으로 나온다. 나와서 욥을 논리로 굴복시키는 것으로 보이지만, 사실 더 돋보이는 것은 신의 논리가 아니라, 굴복의 이면에서 느껴지는 욥의 아량이다. '진실은 죄의식의 안쪽이 아니라, 그 바깥쪽에 있다'. 욥은 그 바깥에 서 있는 것이다. 진짜 윤리는 고통을 감당하는 자리에 있다. 의미 없이 떨어진 파편들을 억지로 조립해 합리화하는 것이 아니라, 그 의미 없음과 정직하게 마주 서는 것. 그것이 욥의 선택이었다.

우리도 욥처럼 선택의 기로에 선다. 고통의 원인을 도덕적 질서 안에서 쉽게 해석하고자 할 것인가, 아니면 설명 불가능한 세계의 틈을 견디며 살아갈 것인가. 죄의식은 위안이 되지만, 그것은 진실로부터의 도피이다. 우리는 '안 돼' '그러면 벌 받아' '네가 고통 받는 건 네 탓이야'와 같은 금기의 언어에 길들여져 있다. 이것은 우리가 말을 배운 18개월령, 그 시점에 우리 안으로 들어왔을 것이다. 그렇게 우리는 '죄의식의 울타리' 속에 갇혀 사는 존재가 되었다. 하지만 욥은 이 '고통의 실재'를 죄의식이라는 감옥으로 보내지 않았다. 우리가 '죄의식 안으로 도피하는 인간'의 담화에서 벗어나는 길은 욥의 서사를 실천하는 일이다.

립 - 새로운 이야기를 영접하는 집전자

욥과 함께 영화 〈더 원더〉의 간호사 립이 떠올랐다. 립 역시 죄의식의 울타리 안으로 도피하지 않는다. 자신의 고통을 미지의 원죄에 귀속시키지 않았다. 그녀는 고통을 용서와 화해의 언어로 봉합하려 하지 않았고, 구원의 서사에 몸을 기댈 필요를 느끼지 않았다.

립이 애나를 살릴 수 있었던 방식은 낡은 죄의식의 서사를 버리고 새로운 이야기를 갖는 것이었다. 애나를 살리기 위해서는 애나를 감싸고 있는, 실재를 가리고 있는 베일, 애나 자신을 지배하고 있는 그 어두운 서사로부터 벗어나야만 했다. 현실의 부조리한 이면을 폭로하는 것으로 애나가 구조될 수 없다는 것을 립은 이미 알고 있었다. 그곳으로부터 벗어나려면 이전의 담화를 대체할 새로운 서사가 필요했던 것이다. 우리는 한순간도 '실재를 가리는 베일의 바깥', 픽션이 완전히 사라진 공백에서는 생존할 수가 없다. 지금 자신을 구성하고 있는 픽션보다 더 강력한 픽션, 더 정교하고 더 생명력 있는 픽션이 필요한 것이다.

립은 애나를 마을의 '신성한 샘'으로 데리고 간다. 마을 사람들이 오랜 세월 동안 성역으로 여겼던 신성한 곳이었다. 이를테면 그곳은 소도였다. 그곳이 애나가 자신의 낡은 이야기를 버리고 새로운 서사를 갖게 될 신성한 곳으로 선택된다. 신성한 샘은 그 신성함으로 이 새로운 서사에 개연성을 더할 것이다. 그곳에서 립은 샤먼의 권위를 갖는다. 애나가 립에게 묻는다. "이제 저 죽는 거죠?" 애나의 새로운 서사를 영접하는 집전자 립이 대답한다. "그래, 애나. 너는 이제 죽는 거야." 립은 애나를 샘 가장자리에 눕히고 묻는다. "그런데 네가 죽으면, 누가 다시 사는 거니?" 그때 애나가 답한다. "낸이요." 낸이라는 이름은 립이 애나를 처음 만났을 때 지어 준 새 이름이었다. "그래, 이제 애나가 죽고, 아홉 살 낸이 다시 태어나는 거야." 아홉 살의 낸은 오빠에게 성폭행을 당하지 않은, 끔찍한 금식을 해야 할 이유가 없는 아이였다.

이 신성한 샘에서 애나는 죽고 낸이 탄생한다. 그 샘 위로 죽음이라고 명명된 카오스의 시간이 잠시 흘렀다. 짧았지만, 엄청난 결핍의 시간이었다. '알 수 없음'으로 가득한 텅 빈 공백이었다. 그 공백 속에서 낸의 새로운 서사가 탄생한다. 낸은 다시 순백의 아홉 살이었다.

뒤늦게 신성한 샘에 도착한 기자 번. 그리고 새로 태어난 낸과 간호사 립은 이 픽션에서 두 번째 가족이 된다. 번과 립은 낸의 부모가 되어 사진관에서 가족 사진을 찍고, 호주 시드니를 향해 떠나는 배에 오른다. 로마가톨릭위원회의 기적의 서사에서 탈주하는 것이다. 그곳은 새롭게 개척된 여왕의 땅이었다. 그곳에 그들의 새로운 서사가 둥지를 틀 것이다. 떠나기 위한 수속을 끝내고 게이트를 나가면서 립이 매우 홀가분한 표정으로 번에게 말한다. "이야기가 없으면, 우리는 아무것도 아니에요." 그 순간 번은 신성한 샘에서 두려움에 떨던 자신에게 립이 했던 말이 떠올랐을 것이다. 그때 립은 단호한 표정으로 이렇게 말했었다. '이것이 우리에게 새로운 이야기가 될 거예요.' 기근에 가족을 잃은 번에게도, 그리고 아이를 잃고 가족이 해체된 립에게도 이것은 새로운 서사였던 것이다.

2
결핍

결핍의 탐닉
반복할 수밖에 없는 존재

MANQUE

결핍의 탐닉

왜 결핍을 탐닉하는가

'결핍을 탐닉한다'는 말은 이해하기 어렵다. '결핍'이라고 하는 것은 불편하고, 마지막에는 고통스럽다. 이해하기 쉬운 것은 '쾌락원칙에 따른다'는 것이다. 배고프면 먹고, 졸리면 자는 이 즉각적인 만족은 말 그대로 낙원이다. 그대와 나는 대체로 고통을 피하고 쾌락을 쫓는, 이드$_{Id}$가 지배하는 원칙 속에 살고 있다. 그런데 '쾌락원칙 속에 살고 있다' 하고 머리를 들어 보면 과연 그러한가, 의문이 든다. 우리는 쾌락원칙의 그 편안함에서 빈번히 엇나가는 일상을 살고 있지 않은가. 매번 그것을 의식하지 않을 뿐이다. 일상의 매듭마다 탐험과 모험의 숱한 순간들이 우리의 판단을 이끌어 가고 있는 것이다.

누군가는 높은 다리 위에서 가정된 죽음의 골짜기로 스스로 몸을 내던지는 일조차도 돈을 내고 한다. 깊은 물속에 처박히기 직전 발목을 잡아 줄 것이라는 약속은 희미할수록 돈값을 더한다. 낯선 곳을 찾는 우리의 여행도 평안의 결핍이 아니라면 그 묘미를 실감할

번지점프. "사람은 고통을 회피하고 쾌락을 추구하지만, 어떤 경우에는 공포와 고통을 반복적으로 되풀이한다_ 지그문트 프로이드Sigmund Freud"

수 없다. 우리는 낯선 곳을 찾고, 그곳에서 새로운 사람을 만난다. 이것은 그대가 소설을 읽는 이유와도 닿아 있다. 소설 속 인물은 현실에서 만나는 인물과는 달라야 할 것이다. 소설의 인물이 조금 전 떠나온 현실 속 시어머니이고 남편이라면 그 권태로운 여행을 왜 할까. 새로울 것이 없는 그 픽션은 그대로 진부한 연옥일 것이다. 여행이라면 그곳은 낯선 곳이어야 하고, 소설이라면 그곳에서 우리는 새로운 인물을 만나야 한다.

　이드가 작동하는 쾌락원칙 속 평안은 시간이 흐르면서 낡아진다. 우리는 세속의 낡은 평안 속에서 진부해지며 권태에 빠지게 되고, 그 끝에서 문득 떠날 생각을 하게 되는 것이다. 어느 시점, 어느 지점에선가 새로운 것을 요구하는 나 자신과 만나게 되는 것이다. 그리하여 배낭을 꾸려 떠난 여행길에서 희미하게나마 죽음이 전제된 강물 위로 몸을 던지기 위해 줄을 서고 있는 자신을 발견하게 된다. 그 줄 끝에서 만나게 될 타나토스로 인해 조금은 설레이며. 새롭고 낯선 것은 불편하지만, 그럼에도 우리는 그 결핍을 즐긴다. 편안한 것이 그 다음에는 익숙해지며, 그 익숙한 것이 오래되면서 진부해지고, 진부한 것이 권태의 옷을 입게 되면 우리가 우울해진다는 것을 안다.

번지점프는 좀 과도한 것이어서 가벼운 애기를 하자면, 얼마 전 와비다도侘び茶道라는 말을 새로 들었다. 뭔가 불편하고 부족함을 함께 즐기는 일본 전통 다도茶道를 일컫는 말이다. 시간이 흘러 낡아지는 것, 그 쇠퇴에 깃든 정취를 함께 즐긴다는 것인데, 여기서 도자기 찻잔의 균열을 보수하는 '긴쓰기金継ぎ' 기법도, 그것이 가진 상처나 결함도 기꺼운 아름다움이다. 거기에는 죽음이 코앞에 전제된 위기가 없지만, 그 결함에서 멀지 않은 곳에 결정적인 결핍이 존재한다. 불편하고 부족한 것이 찻잔 안의 차맛 못지 않게 소중하다는 것. 금으로 그 결핍을 메꾸는 긴쓰기의 요란한 호사가 그것을 증명하고 있다. 불편하고 부족함을 기꺼이 즐긴다는 것이다. 어쩌면 와비다도의 결함을 수납하는 태도, 그 기꺼움은 탐탁함을 넘어 매우 절실한 필요에 의한 수용인지도 모른다.

시동이 걸리지 않는 자동차처럼

기름진 땅 강화에서 한양으로 오는 조선 왕실의 세곡선이 다니던 길목에 미륵을 모신 절이 생겼다. 조선의 어느 좋은 시절에 갑자기 생긴 절인데, 그 절에는 아주 잘생긴 미륵이 있다. 몸은 회칠을 하여 하얗다. 까만 눈썹에 입술은 빨간, 풍채 좋은 미륵님이다. 애초 그 미륵은 그냥 바윗덩이였다고 전한다. 세곡선을 운용하던 처사가 근처 바닷길을 지나던 참에 잠이 들었는데, '내가 지금 차가운 물속에 있으니, 건져 내 치성하거라' 하고 말하는 미륵이 현몽했다.

그곳에 배를 멈추고 찾아 건져내 보니, 그것은 눈코입은 물론 팔다리마저 없는 그저 바윗덩이였다. 처사는 '말씀'을 받들어 그곳에 불당을 지어 바윗덩이를 모시고 치성을 드렸다. 소문이 나 사람들이 오기 시작했는데, 치성을 드린 사람에게는 아낌없이 복이 주어졌다. 아기를 낳지 못하는 사람은 아기를 낳게 되었고, 병에 걸린 사람은 병이 나았다. "그 영험함이 백발백중이에요. 원하면 원하는 대로."

복 받은 이들은 그 영험함에 감사했지만, 세월이 흐를수록 마음에 걸리는 것이 있었다. 영험한 것이 그냥 돌덩이였던 것이다. 그런 영험함이 한갓 돌덩이에서 나왔다는 것에 사람들은 조바심을 내기 시작했다. 아무리 그래도 갖출 것은 좀 갖추어야 하지 않겠느냐는 설왕설래가 있은 후, 돈 많은 이가 좋은 일을 했다. 석수쟁이를 불러 정성껏 필요없는 부분을 떼어 내어 바윗덩이 안에서 숨은 미륵의 형용을 찾아냈다. 그것은 비로소 '미륵님'이라고 부를 때 어색하지 않을 형용을 갖췄다. 신상神像의 꼴을 가진 것이다. "그랬더니 갑자기 영험함이 떨어져 버린 거예요. 수태의 효험도 적어지고, 병도 덜 낫고… 절반 정도였대요. 절반은 들어 주셨고, 절반은 나 몰라라 하신 거지." 치성을 드리러 오는 사람이 절반쯤으로 줄었다는 얘기였다. 하지만 절반도 감사한 일이어서 치성의 공은 여전히 끊이지 않았는데, 다시 다음의 어떤 부자가 시주가 부족한 탓인가 싶어 이번에는 환쟁이를 불러 몸에 회칠을 하고, 눈썹은 까맣게 입술은 붉은 칠을 해 지금의 예쁜 모습이 되었다. "그것으로 미륵님은 완전해 지셨지요. 하지만 그 영험함은 그걸로 끝이었다고 해요." 그 절의 스님이 한 말이다. 그 뒤로 치성을 드리러 오는 사람이 현저히 줄었다는 얘기였다.

완전한 형태를 갖춘 신상은 더 이상 효험이 없었다. 바윗덩이는 미륵으로 구체화되면서 오히려 힘을 잃었다. 사람들은 미륵에 믿음을 잃은 것이다. 영험함이 떨어졌다는 것은 사람들이 더 이상 미륵을 믿지 않게 되었다는 것과 같은 말이다. 완전함에 이르면서 미륵은 결핍을 잃었다. 중요한 것은, 결핍을 잃고 더불어 '신비'가 사라졌다는 것이다. 믿음은 신비에 근거하고, 신비는 미륵의 결핍에서 비롯되었던 것이다.

'결핍은 이야기의 동력Drive'이다. 소설창작에서 '플롯'은 시작된 이야기가 끝날 때까지 구멍을, 결핍을 만들어 가는 방식으로 구축된다. 독자는 '왜?'라고 묻고, 작가는 그에 답하는 동시에 다음의 '왜?'라는 질문을 유도하기 위한 결핍을 만드는 것이다. 더 이상 '왜?'라고 묻게 되는 결핍과 만나지 못하면 이야기는 힘을 잃는다. 자크 라캉의 관점에서 보면 소설의 플롯은 완결된 메시지가 아니라 독자에게 욕망을 남기는 구조물이다. 작가는 독자 안의 결핍을 건드림으로써, 독자 스스로 이야기를 재구성하게 만드는 공백의 장인인 것이다.

스스로 이야기를 재구성하게 하는 이 동력은 충동Drive이다. 라캉이 충동을 영어로 번역할 때 왜 Drive라고 해야 한다고 주장했는지 알게 되는 대목이다. 완전함에 이를수록 매력이 떨어지는 이유가 뭔가. 우리를 충동하는 결핍이 그 완전함에는 없기 때문이다. 여기에서 결핍은 '완전하다'의 반대쪽에서 작동한다. 결핍이 없는 곳에서 충동은 작동하지 않는다. 충동이 없는 신체는 시동이 걸리지 않는 자동차처럼 병들어 있는 것이다.

결핍 너머에 있는 것

거식증은 단순히 '먹지 않음'의 문제가 아니다. 거식증 환자가 집착하는 것은 음식을 거부하는 행위 자체가 아니라, 그 거부를 통해 지속되는 충동의 고리이다. 그것은 바로 결핍 그 자체를 향유하는 방식이다. 거식증 환자는 음식을 먹지 않음으로써 결핍의 쾌락, 곧 구강충동의 픽션을 반복하는 것이다. 그에게 음식은 욕망의 대상이 아니라, 욕망을 끊임없이 유예시키는 장치이다. 결핍이 유지될수록 욕망은 계속되고, 욕망이 계속될수록 쾌락은 증식된다. 그러니 그들에게 이 병은 고쳐야 할 결함이 아니라, 충동이 작동하는 하나의 서사인 것이다.

여기서 '서사'란 단순히 말이나 언어의 수준이 아니다. 그것은 자아를 조직하고 현실을 해석하며 욕망을 유지하게 만드는 내적 이야기 틀이다. 그러나 이 서사는 결코 개인적 차원에만 머물지 않는다. 그것은 곧 담화로 작동한다. 담화란 욕망을 구조화하는 사회적·무의식적 장치로서, 개인의 이야기를 넘어서는 질서다. 거식증은 바로 이 지점에서 이해된다. 환자는 결핍을 반복하는 자기서사를 살아가지만, 동시에 결핍을 향유하게 만드는 무의식적 담화 속에 포섭되어 있는 것이다. 거식증 환자가 음식을 먹지 않는 것은 음식을 먹는 것보다 더 근본적인 것을 탐닉하는 것이다. 마찬가지로 우리가 결핍에 중독되는 이유는 그 결핍 너머에 무엇인가 있을 것이라는 믿음, 즉 '실재'에 대한 향수 Nostalgia를 포기하지 않기 때문이다.

그대와 나는 운명적으로 그러하다. 우리는 결핍을 참는 것이 아니라, 결핍을 통해 어떤 근원적인 것을 욕망하고, 그 너머를 탐닉함으로써 살아간다. 그 결핍의 어둠 한가운데서 우리는 말로 설명할 수 없는 '실재'의 흔적을 좇는다. 우리의 신체를 움직이는 것은 충만이 아니라 결핍이다. 그리고 그 결핍 속에서조차 포기되지 않는 믿음이 있다. 거기에 무엇인가가 있다는 것. 그것이 그대와 내가 함께 이 '픽션'을 쓰게 된 이유이다.

반복할 수밖에 없는 존재

루틴의 정체

우리를 반복하게 하는 것도 결핍이다. 우리는 하루를 어떻게 사는가. 관심을 가지고 들여다보면, 매일 반복되거나, 주 단위로 혹은 매달 반복되는 정체 모를 시간들이 나를 부리고 있는 것을 알게 된다. 똑같다고 할 수는 없지만, 어제와 크게 다르지 않게 산다.

리얼리티 쇼의 텔레비전, 분할된 두 화면에는 노배우의 어제와 오늘의 같은 시간이 동시에 보여지고 있었다. 여행 중의 아침 일상을 보여 주는 것이었다. 숙소에 딸린 부엌으로 나온 그는 찻잔에 믹스 커피를 털어 넣고는, 포트에 물을 끓이는 짬에 창밖을 바라보는 장면에서 동작을 멈췄다. 그의 시선이 멈춘 창밖에는 나뭇잎이 아침 햇살을 받아 반짝이고 있었다. 어제도 그랬고, 오늘도 변함없이 신선한 아침이었다. 두 화면 속에서 그는 허리에 손을 짚고 서서 창밖을 바라보는 시선의 각도까지 같은 모습이었다. 모든 동작은 분할된 화면 속에서 정교하게 데칼코마니처럼 닮았다. 잠시 후 물을 잔에 부은 뒤 스푼을 넣어 다섯 번 젓고, 그 스푼을 꺼내 가볍게 잔에 두들겨 물기를 털어 내는 모습을 보고 나니, 어제에 비해 방귀를 2초쯤 늦게 뀐 오늘의 그를 전혀 탓하고 싶지 않았다. '복제지만 결코 동일하지 않다'는 데칼코마니의 메타포를 충실히 이행한 셈이었다.

이틀의 그 장면은 365일 그의 일상이 복제된 것이었다. 텔레비전 화면에서 문득 포착된 그 장면이 오래 기억에 남았다. 인상적이었던 것은, 오늘 이랬던 것이 그가 어제의 것을 기억해 반복하려 했던 것이 아니라는 점이었다. 그는 오늘의 것이 어제의 것을 반복하도록 '만지'지 않았다. 그것은 그의 의지가 작동해 반복해 낸 산물이 아니었다. 어제의 것을 그대로 복제하고 있는 동작에는 그의 의지가 개입한 흔적이 없었다. 무심한 관성만이 있을 뿐이었다. 낯선 시간들을 붙잡아 우리가 어떻게 일상적으로 그것을 반복하게 되는지 알 수 있는 실상이었다.

우리는 의도 없이 그냥 정해진 어떤 시간 속에 들어가는 것이다. 내가 시간을 지배하는 것인지, 시간이 나를 지배하는 것인지 다툴 이유도 없다. 화면 속 노배우는 그것을 반복하고 있었고, 그 반복이 어떤 느낌인가를 만들어 내고 있었다. 다시 말하지만, 반복은 우리의 낯선 시간들을 가두는 가장 안전한 방식이다. 이쯤 되면 우리 안에 반복하게 하는 무엇인가가 있지 않을까, 하는 생각을 하지 않을 수 없다. 우리 안에 이미 반복이라는 형식이 있는 것은 아닐까.

노배우의 반복에서 결핍을 생각한 것은 '결핍이 가진 서사가 불안을 잠식할 픽션을 조작한다'는 말이 떠올랐기 때문이다. 반복은 결핍을 행동으로 구체화한 실체이다. 동인動因이 결핍이고, 그 결핍이 우리를 반복하게 한다는 것이다. 억압된 기억이나 트라우마가 만든 반복강박이 우리 안에 있다는 것이다. 이 반복은 해결되지 않은 갈등을 다시 재현하려는 무의식의 시도이다. 그리고 그 속에서 리비도적 충동 에너지가 방출된다. 동물이 자신의 몸에 난 상처를 핥듯 우리는 스스로 그 결핍을 핥는다. 그 통증에는 '고통이라는 쾌락'이 있다. 지그문트 프로이트Sigmund Freud는 반복강박과 함께 이 결핍이 어떻게 우리 안에 도입되었는지에 대해 말하고 있다.

무엇이 우리를 반복하게 하는가

이른바 결핍의 기원이다. 이 결핍의 탐닉 근원에는 무엇이 있는가. 우리 무의식 안에 결핍을 탐닉하는 원인이 있다는 것인데, 그대와 내가 잃어버린 '어머니'에 그 비밀이 숨어 있다. 엄마라는 이름은 언제나 참 달콤하다. 아주 완전한 무엇이기도 해서 내가 무슨 짓을 하든 '엄마의 방'에서는 용납된다는 믿음이 있다. 나의 가없는 탐욕이 부끄럽지 않았던 곳, 벌거벗었다는 사실로 완전한 평안이 증명되었던 곳이다. 그곳이 우리가 일찍이 떠나온 '엄마'라는 에덴이었다. 그곳에는 언어가 없다. 내가 무엇을 원하는지, 나의 욕구를 호소할 때조차도 언어가 필요 없는 세계이다. 그곳은 완벽한 에덴이었다.

프로이트는 외손주 에른스트의 '포르트-다 게임'을 통해 우리 안에 반복이라는 기제를 작동시키는 근원적 충동이 존재한다는 것을 설명했다. 프로이트의 계산에 의하면, 우리는 태어나 18개월쯤 되었을 때, '언어'라는 선악과를 얻게 되면서 에덴의 쾌락이 박탈된다. 18개월이라는 시점은 우리가 사람의 말을 이해하기 시작한 시점이다. 우리가 '아담'이었을 때의 관점에서 보면 매우 고통스러운 상실의 시간이다. '안 돼'라는 말은 거칠었고, 우리의 탐욕은 여지없이 거부되었다. 더 이상 어제 누렸던 평안은 없었다. 매일 매 시간 내가 지켜야 할 것들이 주어졌고, 매섭게 점검을 받아야 했다. 더 이상 바지에 오줌을 누는 일은 없어야 했고, 내게 허락된 달콤한 젖은 우는 것만으로는 얻을 수가 없었다. 우리는 그렇게 젖과도 멀어지며 사람이 되었다.

에른은 어느 날 에덴에서 떠나야 하는 자신의 처지를 깨닫는다. 처음으로 자신을 집에 남겨 놓고 외출한 엄마의 부재에서 그것을 느꼈다. 엄마의 모든 외출에 함께했던 에른은 이 신호가 매우 낯설었다. 갑자기 자신을 두고 외출한 엄마의 새로운 태도에서 어떤 문 하나가 닫히는 것을 느꼈다. 에른은 이 돌연한 사태의 혼돈 속에 서 있었다. 익숙했던 그곳은 이제 세상에서 가장 낯선 곳이었다. 나는 지금 어디에 서 있고, 어디를 향해 있는가. 자신을 낯선 곳에 세워 두고 떠난 엄마의 행방은 알 수 없었고, '집'으로 되돌아갈 길을 가로막은 문은 완강히 닫혀 버렸다. 선명한 것은 오직 다시 그곳으로 돌아갈 수는 없을 것이라는 예감뿐이었다.

에른은 서럽게 울었고, 18개월령쯤의 그대와 나도 그 낯선 곳에 서서 에른처럼 울었을 것이다. '하지만 기억하려고 애쓰지는 마세요'. 기억할 수는 없지만, '망각의 주름 사이에 각인된 그것은 결코 잊혀지지 않은 방식'으로 우리와 함께하고 있다. 어쨌든 우리는 울었고, 프로이트는 외손주 에른의 그 모습을 지켜보고 있었다. 울다 지친 에른은 장난감으로 찾은 실패를 가져와 반대편으로 던졌다가 감아들이기를 반복하면서 서러운 수렁에서 나왔는데, 그 실패 놀이로 에른은 자신의 상실을 위로할 수 있었다는 것이다.

프로이트는 그 '포르트-다 실패던지기 놀이'로 에른이 주체적으로 상실을 극복하고 있었다고 봤다. 던지면서 '갔다'라고 했고, 잡아당기면서 '여기-왔다'라는 의미의 '포르트Fort'와 '다Da'다. 실패는 엄마였고, 자신은 엄마를 다시 불러 올 실을 손에 쥐고 있었던 것이다. 에른은 그 실패 놀이를 통해 주체적으로 사태를 자신의 방식으로 길들였다. 어렸기 때문에 발음이 정확하지 않았겠지만, 프로이트의 그 해석은 매우 타당해 보였다.

에른은 '포르트-다 게임'을 통해 '어머니의 상실'을 자신이 통제할 수 있는 사태로 가정해 주체적으로 극복했다. 자신이 안정적으로 조정하고 있다는 서사의 그물로 상실의 사태를 포획한 것이다. 그 시간

동안 그는 사태의 지배자였다. 사태 위에 군림할 수만 있다면 상실 따위는 만만해 보인다. 그렇게 그의 불안은 길들여졌다.

애도의 절차

길들여졌지만, 길들여졌을 뿐 그 결핍이 완전히 치유된 것은 아니었다. 라캉은 치유되지 못한 결핍이 우리의 안으로 내면화되었다고 보았다. 상실은, 말하자면 우리의 무한한 쾌락의 어떤 것이 죽은 것이다. 죽음 뒤에는 항상 따라오는 예식이 있다. 애도라는 절차이다. 그 슬픔의 절차를 통해 우리는 그것과 미련을 남기지 않고 이별을 한다. 실패를 던지고 감아 들이는 유희는 이를테면 상실을 애도한 것인데, 하지만 그 애도로도 결핍이 완전히 사라지지 않았다고 본다. 스티그마 형태로 남아 있다는 것이다. 그대에게도 그리고 나에게도 이 결핍이 무의식의 깊은 곳에 어떤 결절로 남아 있다. '보편적 결핍'이란 그런 의미이다.

'충분히 애도되지 못한 죽음은 자신을 망각한 세계를 놓아주지 않는다'. 애도되지 못한 죽음을 의인화한 이것은 보편적 결핍을 설명한 것이다. 우리가 에덴에서 나온 그 길에서 등 뒤로 닫혀 버렸던 그 완강한 문짝에는 옹이가 떨어져 나간 두 개의 구멍이 있고 – 에땅도네 Étant donnés, 결핍이 부르는 우리의 충동은 그 작은 구멍을 향해 일어난다는 것이다. 마르셀 뒤샹의 '성스러운 문짝의 구멍'이든, 하이데거의 '필론Pilon'이든, 그 균열 사이로 문득 스쳐 가는 그림자를 우리는 보게 된다. 그런 형태로 죽음은 반드시 자신을 망각한 세계로 그림자를 내보낸다. 마치 외계에서 들려오는 모르스 부호처럼 알 수는 없으나 제 때에 이르면 그것은 명료한 존재감을 과시한다.

제목이 떠오르지 않는 어떤 영화에서 주인공이 사랑하던 여인이 죽었다. 연인을 잃은 남자는 그것을 제대로 실감하지 못했다. 실감하지 못한 채 장례식을 치렀고, 그 후로도 그는 충실한 일상을 살아 내고 있었다. 지나치게 씩씩한 그를 사람들은 이해하지 못했지만, 나빠 보이지는 않았다. 그가 상실의 무덤 속으로 기어 들어가지 않은 것만으로도 친구들로서는 감사할 일이었다. 그런데 그는 돌연히 무너졌다. 그 죽음으로부터 제법 멀어져 간 어느 휴일, 그는 집안의 옛것들을 뒤지다가 문득 과거에 사로잡혔고, 무엇인지, 무엇때문인지, 정체와 의도를 파악하기도 전에 복병처럼 그것이 그를 덮쳤다. 그것은 그의 분주한 일상 아래에 에이리언처럼 잠복하고 있었을 것이다. 그러다가 어느 순간 출몰하여 그의 평안을 가혹하게 유린했다. 애도되지 못한 죽음이 돌아왔다. 그 후 그는 거의 미치광이가 되었다. 한동안 그는 아무것도 할 수 없는 사람이었다.

충분히 애도하지 못했던 죽음이 그에게 그러한 방식으로 돌아왔다. 더불어 유명한 어느 뮤지션이 자신의 후배에게 했다는 말이 떠올랐다. "너무 슬퍼하지 마라. 조금은 남겨 둬라. 그래야 그것이 다시 돌아와 너의 뮤즈가 되는 것이다." 가족을 잃은 후배를 위로하는 말 치고는 기괴했었다. 충분히 애도되지 않아 돌아올 결핍을 남겨 놓고 슬픔을 감당하는 것이 예술가의 몫인가. 그러나 애도의 완전함을 이루는 것은 우리에게 도리가 없는 난제이다. 우리에게는 상실에 대한 완벽한 애도가 허락되지 않았다. 애도의 주체로서 우리는 그동안 닥쳤던 그 각각의 죽음에 빚을 지고 산다. 그래서 그것이 우리 안에 억압되어 있지만 언젠가 틈이 주어지면, 그 문짝의 옹이 사이를 비집고 나온다. 충분히 애도되지 못한 상실이, 결핍의 형태로 우리 안으로 도입되었다는 라캉의 이론을 실천하는 것이다. 그리하여 에덴에서 쫓겨난 우리는 지금도 결핍을 앓고 있고, 그것 때문에 불안하며, 그 불안을 상쇄시키기 위한 여러 행위 중 하나가 반복이라는 것이다.

불가사의하게도 거기에 쾌락이 있었다

우리의 언어에도 반복을 부르는 결핍이 있다. 우리가 사용하는 언어는 기표와 기의가 결코 하나로 포개지지 않는 매력을 가졌다. 어떤 표현을 하든, 뜻한 바에 정확하게 도달하지 못하는 것이다. 하나의 기표로는 고정된 의미에 도달하지 못한다는 결핍이다. 도달하지 못하니 또 다른 기표를 불러 오지만, 의미는 여전히 같은 거리로 물러선다. 우리의 언어가 요지부동 부조리한 운명을 가졌다는 불평을 하려는 것이 아니다. 우리는 이 부조리한 언어 사용에서도 결핍을 탐닉한다는 것을 말하고 싶은 것이다. 반복이 헛수고처럼 보이지만,

그렇지만은 않다는 뜻이다.

전철에서 옆에 앉은 청년들의 말을 엿듣게 되었다. 청년은 옆자리에 앉은 친구에게 심각한 문제를 냈고 해석을 부탁했다. 자신이 흠모해 온 여인이 오늘 자신의 어깨에 붙어 있는 머리카락 한 올을 떼어 줬다는 것이었다. 청년은 검정색 양복을 입고 있었는데, 그 검은색에서 머리카락을 구별해 내 떼어 주는 일이 얼마나 어려운 일인지를 놓치지 않았다. 떼어 주기만 하고 아무 말도 하지 않았다는 것인데, 그 이후 여인의 침묵에 청년은 안달이 나 있었다. 며칠 전에도 똑같은 일이 있었는데, 그것이 오늘 반복되면서 무엇인가를 느꼈다는 것이었다. 같은 것이 두 번째라면 의미가 없다고 보기 어렵다. "어떤 뜻이지?" 과묵한 그의 친구는 진지하게 답했다. "그린 라이튼데?" 그리고는 둘 사이에 긴 침묵이 흘렀는데, 건너편 유리창에 비친 청년은 한껏 고개를 뒤로 젖히고 뭔가 크게 깨달았다는 모습이었다.

거기에 친구가 다시 덧붙였다. "글쎄… 지저분한 것을 못 참는 깔끔한 성격일 수도 있고." 잠시 짬……. "그렇다고 해도 관심 없는 사람의 어깨 위로 손이 올라올 수는 없지." 잠시 짬. "글쎄… 그녀가 그런 걸 가리는 성격도 아닌 듯하고……." 그의 해석은 좀처럼 가라앉지 않고 계속됐다. 내가 옆자리에서 사라진 뒤로도 그들의 그것은 계속되었을 것이다.

기표가 인접한 기표로 이어지면서 욕망은 충동의 형태로 자리하게 된다. 이때 반복과 미끄러짐의 흐름이 리듬을 형성한다. 그 행위가 어떤 의미인지를 알기 위해서는 전달된 이미지가 언어로 해석되어야 하고, 해석된 타자의 언어를 가져와 다시 자신의 이미지로 환원해야 하는 것이다. 이것이 우리가 사물을 이해하는 방식이다. 야콥슨에 의하면 '머리카락을 떼어 주는' 이미지가 은유되면, '그린 라이트'라고 하는 말 안에서 이해가 지연된다. 그러면 곧 대체된 다른 기표가 환유되어 연쇄하는 것이다. 거기서 반복이 발생하고, 그 반복에서 발생하는 리듬은 우리 안에 있는 무엇인가를 춤추게 하는 것이다.

어떤 기표에 의해 욕망의 대상이 지시될 때, 그 대상은 곧 또 다른 기표로 대체된다. 언어가 정확한 의미를 붙잡지 못하고 계속 미끄러질 때, 바로 거기에서 모호함과 은유를 넘어서는 시적 충돌이 발생하는 것이다. 이 시시포스의 반복은 고된 형벌 같지만, 우리의 신체는 불가사의하게도 거기서도 쾌락을 느낀다. 의미에 가 닿지 못하는 기표가 미끄러지면서 반복되는 것이나, 우리가 일상에서 루틴으로 소비하는 숱한 반복이 이 기묘한 리듬을 가졌다는 것은 우연이 아니다. 욕망은 그 자체로 '지연된 대체'이며, 정확한 도달 없이 떠도는 운동이다. 거기에는 오직 충동의 쾌락만이 존재한다. 결코 도달할 수 없다는 운명적 전제가 거기에 있어서 우리는 반복하고 또 반복한다.

'엄마'라는 말이 직접적으로 엄마에 가 닿지 않고, 결핍과 모성, 그리움 같은 다양한 정서적 기표들 위로 미끄러지는 그것이 라캉 식의 '미끄러짐'이자 로만 야콥슨Roman Jakobson이 말한 '환유적 전개'인 것이다. 롤랑 바르트Roland Barthes는 이때 기표들이 고정되지 않고 끊임없이 이동하며 독자를 유혹한다고 말한다. 기표들 사이의 '환유적 미끄러짐'은 독자의 의식에 리듬과 주이상스Jouissance, 곧 향유를 불러온다는 것이다. '텍스트는 네트워크이다. 기표들이 미끄러지며, 의미는 정지하지 않는다'. 이 말은 라캉의 '기표는 기표 위를 미끄러진다'와 야콥슨의 '환유적 연쇄'의 실천을 뜻한다. 여기에서의 환유는 문학 비유법의 환유가 아니다. 의미를 완성하지 못한 채 앞선 기표 위에서 미끄러지기를 반복하는 언어의 연쇄를 뜻한다.

지금 이 책을 쓰고 있는 나도 같은 방식을 사용하고 있다. 같은 말을 반복하는 것이다. 특히 '서사'라든지, '실재'라든지, '공백'에 이르면 나의 이 엇나감의 반복은 더욱 심해 질 것이다. 은유될 수밖에 없는, 한달음에 그 의미에 달라붙지 못하는 것들을 말할 때, 반복하고 또 반복하는 방식을 사용할 것이다. 하지만 똑같은 말을 반복하지는 않는다. 조금씩 다른 기표로 미끄러지면서 반복할 것이다. 이를테면 의미를 겨냥한 포위망이다. 이 엇나감의 반복이 결국 진실과의 거리를 좁힐 것이라는 믿음이 있다. 그대가 지루하지 않을 만큼, 그러나 충분히 반복함으로써 나의 이 환유가 그 의미에 최대한 가까이 가도록 할 것이다.

아우라에 깃든 은유의 엔텔레키

출애굽기에 기록된 바, 모세는 이집트에서 고통받는 자신의 백성을 이끌고 나가야 하는데, '데리고 나가라'고 명령을 내린 존재의 이름이 무엇인지 알지 못했다. 불안했을 것이다. 성명불상의 그는 한 번도 경험해 보지 못했던 존재였다. 모른 채로 백성들을 끌고 죽음의 사막으로 나아갈 수는 없었다. 그리하여 모세는 간절히 그에게 묻는다. "제가 이스라엘 자손에게 가서 '너희 조상의 하나님이 나를 너희에게 보내셨다'고 하면, 그들이 저에게 '그분의 이름이 무엇이냐'고 물을 텐데, 내가 무엇이라 대답해야 합니까?" 이에 야훼는 답한다. "에히에 아셰르 에히에אהיה אשר היה." 번역하자면 이렇다. '나는 나다', '나는 나인 존재다', '나는 되는 존재다'.

이 대답에는 어떤 정보도 실려 있지 않았다. 야훼는 자신의 구체적인 '이름'을 주지 않는다. 줬어도 알아들을 수 없었을 것이다. 에덴에서 우리는 '선악과-언어Language'를 얻은 대신, 말이라는 형식 속에 숨은 '섭리-말씀Logos'를 잃어버렸다. 우리에게 말이 있으되, 그 말로는 진리를 듣거나 표현할 수 없게 되었다. 야훼는 존재의 운동성, 어떤 본질의 공백을 드러낸 것인데, 섭리를 잃어버린 우리는 그것을 알아들을 수가 없는 것이다. 신은 스스로를 고정된 표상Name으로 제한하지 않고, '존재하는 존재', '되는 존재', '되어 가는 어떤 것'으로 자신을 드러냈던 것이다.

하지만 모세는 그 목소리가 끌어안고 있는 알 수 없는 아우라를 느꼈을 것이다. 아우라에 은유의 엔텔레키, 곧 목적을 그 안에 지닌 채 스스로 그것을 완성해 가는 원리가 깃들었다. '나는 나다'라는 선언은 의미화되기를 거부하는 순수 존재의 발화이고, 야콥슨의 개념으로 치면 이것은 '은유'에 해당한다. 이 발화를 해석하려는 시도는 수천년 동안 계속됐다. 모세 이후로 수많은 성서학자들이 이 문장에 다양한 해석을 덧붙였다. '나는 나일 것이다', '나는 스스로 존재하는 자이다', '나는 스스로를 창조한 자이다', '나는 나를 규정하는 자이다', '나는 되어 가는 자이다', '나는 무엇이든 될 수 있는 자이다', '나는 이름을 초월한 자이다', '나는 말의 바깥에 있는 자이다'.

언어는 세계를 포착하려 하지만 그곳에 닿지 못한다. 만약 최초의 해석이 완벽한 정합성을 이뤄 냈다면, 거기서 거듭하기를 끝냈을 것이다. 사라지는 세계를 붙잡으려 손을 내밀지만, 언어는 언제나 아주 조금씩 어긋난다. 그러므로 우리는 반복한다. 우리는 다시 말하고, 다시 쓰며, 다시 부른다. '나는 나다'라는 최초의 공허를 채우기 위해 그대와 나는 기표에 기표를 덧대고 문장을 증식시키는 것이다.

라캉은 이러한 언어의 반복에서 향유Jouissance를 발견했다. 의미가 완전히 성취되지 않았기에, 결핍이 발생하고, 이 결핍이 반복을 유발한다. 그런데 이 반복은 고통이지만 동시에 어떤 초월적 쾌락을 동반한다는 것이다. 예를 들어, 샤먼의 주술에서 주문의 반복을 통해 엑스타시가 발생하는 것이나, 비슷한 반복 구조를 갖는 기도 중 방언도 마찬가지이다. 기도할 때의 방언은 의미를 정확히 전달하려는 것이 아니다. 의미를 넘어서는 언어적 향유로 작동한다. 시적 언어나 샤먼의 주술은 같은 영향력을 갖는다. 이들은 모두 언어 반복을 통해 의미 너머의 향유를 만들어 낸다. 그것은 향유일 뿐 의미는 아니다. 의미가 아닌 것을 우리는 알아보는 것이다. 의미화의 실패는 반복을 부르고, 그 반복이 생산하는 심연의 리듬은 우리의 '알 수 없는 곳'을 춤추게 하는 것이다.

문학은 이 언어 구조를 가장 깊이 이해한 예술이다. 라캉은 '반복은 단순한 재현이 아니라, 실재를 겨냥한 실패의 반복'이라고 했는데, 실재를 겨냥했다는 것은 그 실패에 의도가 있었다는 뜻이다. 최소한 미필적 고의다. 그 고의적인 결핍은 기표의 연쇄 속에서 의미를 지연하며 쾌락의 지점을 만들어 낸다. 모리스 블랑쇼Maurice Blanchot 역시 연쇄와 반복을 문학의 본질로 보았다. 시적 언어, 주술적 반복 등은 모두 '말을 반복함으로써 말의 경계를 붕괴시키는 시도'로 본 것이다. 반복을 통해 억압된 무의식의 욕망이 돌아오며, 붕괴된 경계에서 그것이 쾌락을 넘어선 향유로 폭발한다고 본다. 이렇듯 우리 신체의 반복 메커니즘은 결핍과 관계하여 쾌락을 낳는다.

결핍을 탐닉한다는 관점에서 보면, 상흔을 들춰 내는 '다시'라는 반복은 치유가 아니라 욕망의 재생산이다. 결핍된 것을 추구하도록 구조화된 우리 내면을 말하는 것이다. 형식을 부여할 수 없는, 카오스의 형태인 그곳에 '결코 잊을 수 없는 망각이라는 구조'를 통해 돌아오는 쾌락이 숨어 있다. 그곳의 카오스는 엉망진창의 흑암이 아니다. 흑암 안에는 씨앗이 될 질서가 숨어 있다. 무엇인가로 발현될 방향성을 가진 씨앗이다. 그것이 불쑥 고개를 들이밀면 우리는 다시 애도의 시간에 든다. 결핍이 지배하는 시간인데, 그것을 우리는 기꺼이 맞이한다. 할 포스터Hal Foster에 의하면 이것이 '실재의 귀환'이다. '실재'가 돌아오는 것이다. 그리하여 우리는 그것을 말로 설명할 수는 없지만, 강렬하게 경험하게 되는 것이다.

강박과 소외가 낳은 반복의 퍼포먼스

오래전, 싱가포르 오차드 로드의 커다란 가로수들에 빨간 땡땡이 무늬 장식이 무수히 걸려 있는 것을 보았다. 붉은 땡땡이는 언젠가부터 매우 흔한 것이 되었지만, 그 과다함으로 의도를 드러낸 그것은 한눈에 쿠사마 야요이草間彌生였다. 싱가포르 비엔날레 중이었다. 거리 전체에 도열한 쿠사마 야요이의 붉은 땡땡이Polka Dots는 기묘한 느낌이었다. 그 수많은 땡땡이들은 알 수 없는 곳에서 탈옥해 온 것들이었다. 갇혀 있어야 하는 것들인데, 누군가가 문을 열었을 것이다. 소요를 일으키고 있는 땡땡이들로 거리의 평화는 깨져 가고 있었다.

나는 쇼 하우스 시계탑에 기대어 그 붉은 땡땡이들이 거대한 가로수들을 점령한 후, 막 도로로 쏟아져 나오려다가 무엇엔가 화들짝 놀라 가까스로 멈춘 장면을 목도하고 있었다. 멈춰 있었지만 여전히

쿠사마 야요이, 〈오차드 로드 나무들의 도트 장식Ascension of Polka Dots on the Trees〉, 싱가포르 비엔날레, 2006

땡땡이들은 위험해 보였고, 그 위기 의식으로 인해 나는 짜릿했다. 대단히 강렬했던 서사적 경험이었다. 땡땡이의 반복은 기묘한 힘으로 나를 매우 낯선 경계로 몰아 갔다.

쿠사마 야요이의 누드 퍼포먼스도 실재가 귀환하는 구조를 갖고 있었다. 그녀의 누드는 1960년대 뉴욕에서는 '허용되지 않은 몸'이었다. 하지만 이방인인 그녀는 과감했다. 그리하여 땡땡이들과 함께 그의 누드 퍼포먼스는 억압된 '실재'가 탈옥해 우리 사는 세상 속으로 풀려난 사건이 되었다. 거리로 나온 누드는 처음 보았기 때문에 그것이 가진 것을 설명할 수 없다는 점에서 뉴욕은 더 큰 낭패감을 느꼈을 것이다. 그것은 언어로 설명할 수 없는 실재의 한 형태였고, 실재의 파편이 현실 세계로 귀환한 장면이었던 것이다. 특히 붉은 땡땡이가 뒤덮인 그의 신체는 더 이상 하나의 정체성이나 상징으로는 포착되지 않았다. 당시 뉴욕의 언어로는 설명할 수 없었던 사태였다.

그녀가 뉴욕으로 도입한 것들 중 가장 강력한 것은 '반복'이었다. 이 반복은 쿠사마의 예술 세계를 관통하는 가장 핵심적인 조형 언어이자 개념이었다. 할 포스터가 말하는 '실재의 귀환'이란, 어떤 트라우마적 사건이 처음에는 의식되지 않고 억압된다. 하지만 그것은 충분히 애도되지 못한 채 잊혀지지 않은 망각의 구조, 그 주름의 갈피 속에 잠재된다. 잠재되었다가 때가 되면 반복의 형태로 돌아오는 것이다. "내가 환각을 처음 본 것은 엄마에게 매를 맞고 있을 때였다. 나는 벌벌 떨며 울고 있었고, 천장이 갑자기 수천 개의 꽃으로 가득 찼다. 그것이 내가 미술을 시작한 계기였다." 부잣집 데릴사위였던 아버지는 외도 중이었고, 쿠사마에게 가해진 어머니의 폭력은 바람피우는 아버지를 제대로 미행하지 못한 죗값이었다. 미행에서 결국 쿠사마는 아버지의 외도를 목격했다. 아버지로부터의 소외와 어머니의 폭력은 그의 무의식에 각인된 심각한 상흔이 됐다.

그후 쿠사마는 강박 신경증을 앓았다. 특정한 생각이나 행위를 반복하려는 그 강박적 충동은 그의 예술 작업 방식에 그대로 투영

쿠사마 야요이가
10세 때 그린
어머니의 초상.

된다. 쉬지 않고 점을 찍거나 그물코를 그려 나가는 행위가 강박의 통증을 창조적으로 해소하는 서사가 된 것이다.

뉴욕에 와서도 마찬가지였다. "뉴욕에서 어느 날 캔버스 전체를 아무런 구성 없이 무한한 점으로 그리고 있었는데, 내 붓은 거의 무의식적으로 캔버스를 넘어서 식탁과 방 전체를 붉은 점으로 뒤덮기 시작했다. 놀랍게도 내 손을 봤을 때 빨간 점이 손을 뒤덮기 시작했고, 나는 내 손에서 번지기 시작한 그것을 쫓아가기 시작했다. 그 점들은 계속 번져 가면서 나의 몸과 모든 것을 무섭게 뒤덮기 시작했다. 나는 무서워서 소리를 질렀고, 응급차가 와서 병원에 실려 갔다. 몸에는 별다른 이상이 없고, 정신 이상과 심장 수축 증상이 있다는 의사의 진단이 나왔다. 이 사건 이후에 나는 조각과 퍼포먼스의 길을 택하게 되었다. 내 작업의 방향 변화는 언제나 내적 상황에서 나오는 불가피한 결과다."

예측 불가능하면서도 압도적인 환각의 경험 앞에 스스로 패턴을 반복하는 행위는 역설적으로 그 혼란스러운 세계에 질서를 부여하면서 통제력을 갖게 해 주었다. 이를테면 그것은 프로이트의 손주 에른스트의 '포르트-다 게임'의 효과와 같았다. '어머니의 상실'을 자신이 통제할 수 있는 사태로 가정해 극복하고 있었던 것처럼, 쿠사마 역시 자신의 신체 행위를 통해 혼란스러운 세계에 질서를 부여하고 통제력을 가진 것이다. 수작업으로 이루어지는 끝없는 반복은 에른의 유희처럼 쿠사마에게도 불안을 길들일 방법이 되어 주었다.

앤디 워홀과 쿠사마 야요이

1960년대 뉴욕 아방가르드 예술계에서 쿠사마는 앤디 워홀Andy Warhol 등과 교류하며 활동하고 있었다. 그 즈음 쿠사마 야요이는 남근과 배를 반복해 만들고 그렸는데, 그 시기 앤디 워홀도 반복 패턴의 판화 작품에 몰두하고 있었다. 쿠사마는 1962년 '무한망' 시리즈를 통해, 작은 붓터치의 반복으로 화면 전체에 가득 채우는 작품을 선보였다.

1963년 쿠사마는 뉴욕의 브루노 비숍버거 갤러리의 벽을 천 장의

쿠사마 야요이, 〈집합: 천 척의 배〉, 뉴욕 게르트루드 스타인 갤러리, 1963

앤디 워홀, 〈소 벽지와 은빛 구름들〉, 레오 카스텔리 갤러리, 1966

반복되는 배 사진으로 가득 채웠다. 작품 제목은 〈집합: 천 척의 배〉였다. 남근이 달라붙은 배들이었다. 가득 채웠으므로 그것은 벽지처럼 보였을 것이다. 그리고 그 앞에 놓인 하나의 실물 배에도 천 개의 부드러운 남근이 달라붙어 있었다. 그것으로 쿠사마는 미국 미술계에 충격을 주었지만, 비평계는 조용했다.

소호의 서클에서 함께 활동하던 앤디 워홀이 이 전시회에 다녀갔고, 3년 후 뉴욕의 다른 갤러리에서 워홀의 전시회가 열렸다. 워홀의 전시회 벽을 장식한 것은 수많은 소 머리들이었다. 커다란 소 머리가 반복적으로 인쇄된 실크스크린 벽지였다. 전시회 제목도 〈앤디 워홀: 소 벽지와 은빛 구름들〉이었다. 전시장 벽을 채운 쿠사마의 '배'와 워홀의 '소머리'는 그 형식이 유사했다. 문제의 핵심은 반복 패턴이었다. 워홀과 쿠사마 모두 반복적인 시각 요소를 사용했다. 워홀은 그 전후로 마릴린 먼로와 수프캔, 엘비스 프레슬리 같은 이미지를 기계적으로 복제하고 있었다. 쿠사마는 워홀이 자신의 작품을 보고 간 후, 아이디어를 베꼈다고 문제를 제기했다.

하지만 두 사람의 작품은 단순한 형식적 유사성을 넘어 전혀 다른 실존적 궤적을 가진 것으로 보인다. 반복이라는 시각적 형식을 사용했지만, 그 기법이 만들어진 배경이나 의미가 다르다는 점에서 그렇다. 쿠사마의 도트와 그물망, 부드러운 남근의 조형물 등은 의도적으로 동일하게 보이는 반복이다. 차이를 배제하고 '같은 것'이 끝없이 반복되는 세계를 보여 준다. 그녀는 이 '차이를 만들지 않은 반복'으로 자아와 세계가 사라지는 공허함을 경험했다. 자신을 세상에서 지우려는 시도는 정신적 생존을 위한 퍼포먼스였으며, 이 반복은 자신의 내부 세계와의 투쟁이었다. 그 세계에서는 '차이'라는 개념은 무의미하거나 쓸모없는 것이다. 쿠사마의 진술 속에서도 그것이 보여진다. 쿠사마의 반복은 '차이가 없다'기보다 '차이를 지우는 것이 목적'이었다.

워홀은 쿠사마와 다른 반복을 하고 있었다. 데칼코마니가 '차이의 메타포'를 가졌듯이 워홀의 반복은 동일한 것의 반복이 아니었다. 참된 반복은 차이를 드러내는 방식이어야 한다는 것이다. 전통 철학은 반복을 동일성의 반복으로 봤지만, 워홀의 반복은 '반복은 차이를 생산한다'는 방식의 반복이었다. 즉, 반복은 단순 복제가 아니라 생성이고, 차이를 드러내는 생성의 힘이었다. 워홀은 '같은 것처럼 보이는 것들 사이의 차이'를 반복함으로써, 질 들뢰즈Gilles Deleuze가 말한 '차이를 생산하는 반복'을 구현해 낸 것이다. 실크 스크린의 미세한 변화와 색깔 그리고 배치의 차이들이 감각적 사유의 생성이라는 들뢰즈의 이데아를 실천하고 있었다.

쿠사마의 반복은 오히려 들뢰즈가 비판하는 '동일성의 반복' 또는 기계적 강박과 더 가까워 보인다. 하지만 반대로 해석하면 차이를 철저히 억제함으로써 오히려 '무無의 차이'를 체험시키는 방식으로 읽혔다. 쿠사마는 도트와 그물망의 반복된 형상을 통해 관객의 감각을 '둔감'하게 만든다. 반복은 차이를 지워 나가며 감각과 사고의 질서를 붕괴시킨다. 관객은 형상의 의미와 서사에서 중심을 잃고 무無의 상태에 빠져 드는 것이다. 이것은 '기표의 연쇄를 멈추게 하는 외상적 순간', '어, 이게 뭐지?', 즉 실재를 마주하는 '공백'의 순간과 유사하다.

쿠사마의 세계에서는 더 이상 기표도, 상징도, 차이도 존재하지 않는 것이다. 남은 것은 실재의 공허함과 무의 공포, 전체에 흡수되어 사라진 자아이다. 쿠사마의 〈무한 거울방〉은 거울에서 무한히 반복된 형상이 끝없이 복제되어 자신을 덮친다. 그 과정에서 정체의 경계가 사라지면서 의식의 세계가 붕괴되는 것이다. 이것이 '실재의 경험'이다. 그리하여 '나는 더 이상 누구도 아니다'가 되는 것이다. 쿠사마는 그 무한 반복을 통해 소멸의 꿈을 이뤘다. 낡아 질 옷 안에서 마침내 사라졌으며 결코 마멸되지 않을 자기 방식의 서사를 가졌다.

두 사람이 반복에 있어서 '차이'를 어떻게 다루는가? 앤디 워홀의 반복 속에는 '차이'가 의도적으로 개입되어 있다. 같은 이미지를 실크스크린으로 찍되, 의도적으로 미세한 차이를 남긴다. 마릴린 시리즈와 수프캔 시리즈 등에서 잉크 번짐과 컬러 배합의 미묘한 차이와 어긋난 위치로 흔적과 오차를 만들어 내는 것이다. 앤디 워홀의 작품에서 들여다볼 수 있는 것은 동일성에 대한 저항이다. 20세기 예술과 철학에서 '동일성의 권위'에 대한 저항은 미학적 취향이나 개인적 자유의 문제를 넘어서, 존재론적 정치적 저항의 형식이었다. 이들은 고정된 정체성과 본질, 진리라는 개념 자체를 의심하고 해체했다. 앤디 워홀의 반복적 이미지 전략은 단순한 시각적 실험이 아니라, 동일성이 가진 미적 권위에 대한 해체 작업이었던 것이다.

신비의 비결은 '결핍'

클로드 모네Claude Monet는 파리 근교 지베르니에 집을 마련한 쉰 살 이후 250점이나 되는 '수련'을 그렸다. 말년에 앓게 된 백내장이 지금까지와는 다른 방식으로 사물을 보게 했다는 것은 잘못된 이야기라고 말하고 싶다. 서른두 살에 그린 〈해돋이〉에서도 이미 그는 사물을 다른 방식으로 보고 있었다. 사물을 보는 그의 방식이 달라진 것이 아니고, 말년의 '수련'에서 모네는 같은 방향으로 더 깊어졌음을 알 수 있다. 말할 수 있는 것은, 그가 갖게 된 백내장으로 인해 더 이상 재현의 욕망과 다툴 필요가 없어졌다는 것이다. 그의 그림은 더 흐릿하고 오묘한 색감으로 변화되었다. 그것은 말년의 죽음을 앞둔 인간의 내면적 사유와도 닮았다.

수련 연작을 그렸던 연못은 모네가 직접 설계하고 조성한 정원이다. 노르망디의 작은 마을에 정착한 그는 이곳에서 43년을 살았다. 모네는 19세기 말 유럽을 휩쓴 자포니슴Japonisme의 수용자였다. 일본 예술에 심취해 있었기 때문에, 연못에 아치형 다리를 만들고 동양에

클로드 모네, 〈수련이 있는 연못The Water-Lily Pond〉, 1889
연못을 가르고 있는 태고교太鼓橋를 그린 그림.

서 건너온 버드나무와 대나무를 심었다. 연못에는 수련이 자라기 시작했다. 수면에는 하늘의 구름을 배경으로 나뭇가지가 드리워져 일렁였다. "나는 꽃이 좋아 심은 것이 아니라, 색을 위해 심었다." 그곳은 동쪽 대륙에서 온 신비로운 바람과 향기로 가득했다. 그의 내면에서 창조된 정원에는 사물의 윤곽이 더욱 모호해지고, 나중에는 색과 빛만이 남아 있었다. 현실과 환상의 경계가 흐려질 수 있는 장

안도 다다오 건축, 지중미술관,
일본 가가와현 가가와군 나오시마정 3449-1, 2004
명칭 그대로 미술관 대부분이 지하에 매립된 전시 공간이다.

지중미술관의 전시 공간은
인공 조명을 최소화하고
순수 자연광만 활용하고 있다.

치는 거기서 끝났다.

모네는 그곳에서 많은 수련들을 그렸다. 연작으로 그렸던 수련 이전의 작품은, 가장 먼저는 지베르니 주변 들판에서 만난 〈건초더미〉였다. 들판의 건초더미는 시간을 달리해 가며 각기 다른 색깔로 뭉개졌다. 빛과 기후가 색채를 바꾸고 낯선 분위기를 만들었다. 30점의 〈루앙 대성당〉 연작도 빛의 조건에 따라 성당이 성당 자신을 알아 보지 못할 낯선 방식으로 완성되었다. 오래된 전통과 그 신성함도 모네의 시선에서는 새로운 것이 되었다. 다리의 연작들도 그렇게 그려졌다. 안개의 수면에서 반짝이는 것들, 부유하는 풍경과 색의 중첩들이 그의 반복 속에 늘 새롭게 포획되었다.

그의 연못을 가르고 있는 태고교太鼓橋는 19세기 흑선黒船 함대에 실려 온 일본의 우키요에의 영향이었다. 그에게 낯선 것은 신비로 작용했다. '이국적'이라는 수사가 그 신비의 값이다. 그보다 더 신비롭기는 일본 나오시마 지중미술관의 어둑어둑한 분위기 속에 영구 전시된 모네의 수련이었다. 영구 전시되었다는 설명에서 '영구永久'가 돋보였다. 안도 다다오Tadao Ando의 연출이었을 것이다. 그곳으로 들어가 모네의 수련과 마주 섰을 때, 나는 거대한 능綾을 떠올렸다. 그것은 시멘트로 구축된 무덤이었다. 이것은 나쁜 표현이 아니다. 나는 그곳에서 죽음 가까이에서 느낄 수 있는 종말적 신비를 느꼈다. 그곳을 관람하는 느낌은 이를테면 발굴하는 느낌이었다. 미로로 끝려 들어가는 통로에서부터 그런 느낌이 들었다.

동양에서 건너간 신비에 더 큰 신비를 실어, 모네의 수련이 그곳에서 영접하고 있는 것은 뭔가 알 수 없는 것이 지워졌다는 것이었다. '어, 이게 뭐지?'를 채워주는 것은 '그냥 텅 빈 무엇'이었다. 자연광 아래에서만 감상할 수 있도록 설계된 그곳은 그러나 멈춰 있지 않았다. 모네가 설계한 그의 정원이 그랬던 것처럼 그 위로 시간이 흘렀고, 해가 뜨고 졌다. 한순간도 낯설지 않은 모습이 없었을 것이다. 나는 그 낯설고 텅 빈 공간에 서서 나 자신에 대해 생각할 기회를 가졌었다. 내가 어제 떠나 온 무엇인가에 대해서 생각했을 것이다. 수련 앞에 서서 '공백'을 접견한 관객이 있었다면 안도 다다오는 성공했다.

차이는 내적 갱신의 에너지

모네는 반복을 통해 감각이 지각과는 다른 층위에서 작동한다는 것을 스스로에게 증명해 보이고 싶었을 것이다. 바로 거기에서 새로운 지각의 차원이 열린다. 신비는 결핍에서 비롯되고 있었다는 것을 그는 알고 있었다. 다시 말하지만, 결핍은 이야기의 동력이다. 그는 결핍을 수용하는 것에 주저하지 않았다. 그는 뭉개서 지우는 방식으로 여백을 만들어, '수련' 앞에 선 관객이 자신만의 서사를 재구성하게 만드는 공백의 장인이었다.

클로드 모네, 〈수련Nymphéas〉, 1899-1926년, 지베르니 정원의 연못
"나는 수련을 심었고, 그림을 그리기 위해 그것을 바라보았다.
그것이 전부이지만, 그 전부는 무한했다."

여기의 결핍은 '차이'였다. 모네는 그 빛의 차이에서 내적 갱신의 에너지를 얻었다. 들뢰즈는 『차이와 반복』에서 차이가 원인으로 작동하는 반복에 대해서 말하고 있다. 들뢰즈는 반복을 생산적이며 창조적인 힘으로 봤다. 그는 '같음의 반복'이 아니라, '차이를 생산하는 반복'을 강조한다. 문학이나 음악, 주술적 언어까지 반복은 새로운 감각과 의미를 창출하는 생성의 리듬이다. 쾌락은 이 반복을 통해 신체와 지각에 균열을 내고 차이를 감각화하는 순간에 발생한다. 이때 반복은 단순한 되풀이가 아니라, 미묘한 변화의 그 낯선 구조 속에서 쾌락과 몰입을 생산하는 것이다. 주술적 반복이나 리듬은 이 힘을 직접 다루는 방식이다.

픽션은 불안을 잠식한다

'진리는 말해질 수 있지만, 모두 다 말해지지는 않는다'. 우리는 진실의 전체를 알 수 없다. 그리하여 픽션으로, 이야기로 그 결핍을 메운다. '믿음은 보이지 않은 것들의 실상'이며, 개연성은 그 보이지 않는 것의 구조를 지탱하는 서사적 환상이다. 가장 설득력 있는 픽션은 욕망에 의해 구성된 개연성을 갖춘 이야기다. 우리는 결코 진실의 전모를 알 수 없기에 늘 결핍을 끌어안고 살아간다. 그러나 이 결핍은 단순한 결손이나 부재의 감각이 아니다. 그것은 욕망을 불러일으키는 동력Drive이며, 감내하는 것이 아니라 탐닉되는 충동의 쾌락이다. 결핍이 기표를 불러들이고, 기표는 또 다른 결핍을 남긴다. 그러므로 욕망은 결핍을 메우려는 시도라기보다 그 결핍 자체를 탐닉하는 것이다.

가장 설득력 있는 픽션은 욕망에 의해 구조화된 이야기이다. 어떤 이야기의 세계도 결코 충만하지 않다. '아, 이것도 아니네, 이것도 아니네'의 반복은 동일성에서 좌절한 탄식이다. 그러나 모네는 반복해서 다시 그리게 되는 차이와 만난다. 어제의 것과 오늘의 것에서 차이를 발견한다. 그 차이가 내적 갱신의 에너지가 된다. 우리의 시간 속에서도, 모네가 반복 속에서 끊임없이 다르게 도래하는 빛과 색, 물의 변주를 감각했던 것처럼, '어, 이것도 있었네, 이것도 있었네' 하게 되는, 우리를 설레이게 하는 미지와 만날 수 있다. 같은 연못의 같은 수련이었지만, 매번 다르게 감각했던 차이의 비결이 있었다.

우리의 서사도 이와 같다. 동일한 구조를 반복하면서도, 매번 다른 이야기로 피어나는 것. 결핍은 이야기의 출발점이고, 이야기의 동력이며, 서사의 심장이다. 픽션은 실재를 재현하는 불가능에 도전하는 것이 아니라, 운명적 결핍으로부터 실재의 형식을 상상해 내는 일이다. 결핍이 가진 매력을 알았으니, 이제는 울음을 그칠 때다. 그것이 우리에게 나쁜 것이 아니기에······.

'결핍이 가진 서사가 불안을 잠식할 새로운 픽션을 조직한다'.

3
공백

픽션은 어떻게 존재하는가
공백의 방식 – 모호한 것에서 더 잘 보이는 것들
지워진 것에서 느끼는 것

픽션은 어떻게 존재하는가

들뢰즈의 주름

망각은 불필요하거나 고통스러운 것들을 밀어내는 정신의 면역체계 같은 것이다. 잊혀져야 할 일이 있는 사람에게는 매우 유용하다. 잊혀지지 않는 고통 속에서 하루하루를 견디는 사람들이 있다. 그들의 고통스러운 시간을 함께하기 위해 노란 리본을 달지만, 한편으로는 문제가 해결되고 되도록 빨리 망각의 시간이 도래하길 기원한다. 그러나 망각은 완전하지가 않다. 어찌 그 일을 잊을 수 있을까. 지워 버리라. 하지만 이럴 때 망각은 지워지는 것이 아니라 억압되는 것이다. 잊혀지지만 지워지는 것이 아니라는 뜻이다. 망각된 것은 잔인하게도 곧 선택적 기억의 반대면에 둥지를 튼다.

들뢰즈는 무의식의 낯선 언어와 그 중첩적 구조를 생각하면서, 그곳의 작동 방식이 '주름 방식'일 것이라고 상상했다. 무의식이라는 심연으로 들어가면서 우리가 볼 수 있는 풍경은 겹겹이 접히고 펼쳐지는 주름의 세계라는 것이다. 이 사유는 17세기 과학자이면서 철학자인 빌헬름 라이프니츠Wilhelm Leibniz의 모나드론에서 시작된다. 라이프니츠는 모든 존재가 무한히 중첩된 구조를 지니며, 그 최소 단위인 모나드는 전체 세계를 응축해 반영한다고 보았다. 이 중첩이 접힘과 펼침, 주름구조인 것이다. 들뢰즈는 여기서 영감을 얻어, 존재와 사유가 끝없이 접히고 겹쳐지는 방식을 '주름'이라 불렀다.

우리의 내면도 마찬가지다. 망각은 소멸이 아니다. 주름의 방식 속에 결코 지워지지 않는 우리의 결핍이 잠재되어 있는 것이다. 그 주름 사이에 잠재된 결핍은 언제든 다시 솟구칠 태세로 대기하고 있다. '어머니의 상실'이 남긴 흔적은 지워지지 않은 채, 상흔으로 주름 사이에 잠재되어 우리를 움직인다. 우리의 의식에서는 잊혀졌지만, 지워지지는 않았다. '궁금하긴 하지만, 그것이 숨은 곳을 상상하지 마세요.' 주소를 말할 수 없는 그곳은 여전히 카오스이지만, 어느 순간 주체의 표면을 뚫고 불쑥 고개를 내민다. 그리하여 우리는 '나는 우리가 잃어버린 것을 기억하고 있어'라고 말하는, 내면의 아이Inner Child의 목소리를 듣게 되는 것이다.

이야기의 구조, 꿈을 구성하는 방식

우리가 가진 이 태초의 이야기 '어머니의 상실'은 이러한 방식으로 우리 안에 내면화되었다. 잊혀졌지만, 지워지지 않는 방식으로… 그 이후 새롭게 생성된 우리의 이야기가 구성된다. 이야기가 기억되는 방식도 꿈을 구성하는 방식과 닮았다. 픽션을 이루고 있는 사건에는 수많은 의미와 심리적 요소가 결합되어 있다. 생각과 감정들이 이를 테면 중첩된 방식으로 응축되어 기억되는 것이다. 그대가 기억 속에서 아버지를 꺼내 떠올렸을 때, 그것에는 아버지와 관련된 수많은 감정과 그것들의 의미와 그대의 심리적인 반응들이 줄줄이 따라 나올 것이다. 눈을 감고 "아버지" 하고 불러 보라. 그대가 지금 호명한 '아버지'에는 말로 설명할 수 있는 것보다 더 많이, 설명할 수 없는 수많은 감각적 이미지들이 응집되어 있는 것을 알게 된다. 그대의 아버지는 그렇게 중첩된 방식으로, 지금의 우리 언어로는 설명할 수 없는 방식으로 그대의 기억 속에 존재한다.

기억 속에 없는 그것들은 위에서 말한 망각의 방식으로 그대의 무의식의 세계 속에 억압되어 있다. 이것을 프로이트는 응축이라고 했지만, 우리에게 익숙한 문학적 언어 '은유Metaphor'와도 유사하다. 여러 층위의 의미가 하나의 표현에 겹쳐져 있는 방식이다. 그것을 기억 속에서 꺼내 이야기라는 그릇 속에 담을 때 치환의 과정이 이뤄진다. 이때 이것이 그대의 입에서 서사라는 형식으로 구현될 때, 위협적이거나 금기인 것들은 치환되면서 순화된다. 이것은 환유의 형식이다. 감정이나 의미가 전이되거나 옮겨지는 작용이기 때문이다. 이것은 의식의 엄격한 자기 검열 하에서 이뤄진다는 면에서 무의식의 방식과는 다르다.

바로 이 응축의 방식이, 요즘 말로 썸네일 방식의 중첩구조이다. 그것은 나름대로는 쉬이 낡아지지 않을 생태 방식을 가졌다. 출근길에 거울과 마주 선 그대는 문을 열고 밖으로 나가는 순간, 수많은 사람들과 마주치게 될 자신을 최종 점검한다. 그때 그대는 거울 속에서 그대가 가진 많은 이야기들과 만난다. 그 방식은 그대가 하루 일을 정리하고 침대에 누웠을 때 주마등처럼 흘러가는 이미지들을 만나는 방식과도 같다. 그대가 구축한 이야기는 거울 앞에 선 그대에게 근사한 이미지들을 덧입혀 보여 준다. 그 수많은 주름들 사이로 떠오르는 햇살처럼 '인물이 괜찮아 보이는데…', '어제 너의 말은 아주 고급스러웠다', '그 정도로 설득할 수 있다면 좋아. 제법 지적이야', '요즘 체중 관리 아주 좋았어', 주름 속 그 수많은 요소들은 자존감 하나로 뭉뚱그려져 하루 양식이 된다.

그 주름구조의 세계에서는 오늘도 수많은 일들이 벌어지고 있다. 펼쳐졌다가 접혀지는 순간이 무수히 반복되면서 그대는 변하고 있다. 잊히고 새로 기억되면서, 파고들고 저항하면서, 낡아지는 것들이 새롭게 대체되면서, 우리는 조금 전 나와 다른 주체로 살아가게 된다. 무의식의 세계에서도, 긴장의 순간에 같은 실수를 반복한다든지, 동료의 사소한 지적에 과도한 분노가 폭발하는, 알 수 없는 불안이, 그대가 의식하지 못하는 순간들이 현재를 지배하는 것이다. 그대의 무의식 속의 결핍이나 정체성 혼란이 이런 방식으로 그대의 이야기 속으로 스며든다. 우리의 일상은 늘 합리적인 선택을 하고 있는 것처럼 보여도 사실은 깊은 무의식의 흐름 위에 떠 있는 배와 같다. 배는 고요하게 떠 있는 듯 보이지만, 심연에서 움직이는 물결, 무의식은 끊임없이 영향을 준다. 심연, 저 아래쪽? 그런 장소가 있을 리 없지만, 우리 식으로 그냥 아래쪽이라고 해 두자. '위치 따위는 상상하지 마세요'라고 하면 오히려 더 혼란스러울 것 아닌가. 들뢰즈는 '쉬지 않고 펼쳐지고 접히며 움직이는 그것'이라고 했지만, 이렇게 아는 척을 한다 해도 그 무의식은 맨 정신으로 들어갈 수 없는 곳이다. 들어가 봤자 그곳에서는 우리의 언어가 통용되지도 않는다. 길을 잃을 것이다. 그리고 그곳에서 벌어지는 일들도 알 수가 없다. 그곳에는 의미없는 이미지들만이 난무할 것이다. 수없이 많은 그 이미지들이 응축돼서 우리 무의식 속에 저장되어 있는 것이다.

쾌락의 텍스트

이렇게 기표와 기의가 딱 떨어지는 방식으로, 그 완전한 과학적 방식으로는 파악되지 않은 세계가 우리 안에 있다. 다시 말하자면, 언어로 설명할 수 없는 세계가 있다. 오직 결핍을 통과할 때만 엿볼 수 있는 것인데, 그것은 구멍뚫기Pilon에 닿아 있다. 필론의 틈으로 새어나오는 것을 도둑질하듯이, 약간의 죄의식까지 블랜딩된 방식으로 탐닉하는 것이다. 이것이 실재를 탐닉하는 방식이다.

우리는 흔히 그 자리를 '완전한 세계', 플라톤의 이데아나 신의 세계로 상정하지만, 라캉은 그것을 '실재'라고 불렀다. 그러나 이 실재는 무결성으로 도달할 수 있는 것이 아니다. 결코 기표화되지 않는 불가능성의 자리다. 따라서 4 더하기 2는 6과 같은 명징한 기표와 기의의 합일로는 결코 닿을 수 없다. 실재는 오히려 그 합일이 불가능하다는 사실을 드러내며, 바로 그 불가능성이 우리 욕망을 끝없이 자극하는 것이다.

상업영화는 대체로 완벽한 플롯을 가졌다. 기승전결은 오차 없이 맞물리고, 서사의 구성요소들은 매우 정밀하게 배치된다. 대중소설 또한 마찬가지다. 독자는 초반 몇 페이지 안에 인물의 동기를 파악하고, 중반의 갈등에 몰입한다. 갈등은 해소되고, 질문은 빈틈없이 답변되며, 그로써 욕망은 충족된다. 그러나 이야기가 끝난 자리에는 공허가 남는다. 짜릿함과 명쾌함이 있었지만 여운은 없다. 무엇 하나 허술함 없이 잘 짜인 이야기들이 왜 이토록 쉽게 잊혀지는가.

이 공허함은 취향에서 오는 것이 아니다. 플롯의 작동 방식에서 발생하는 공허이다. 롤랑 바르트는 이런 서사를 '쾌락의 텍스트'라고 불렀다. 그것은 몰입과 감정적 소비를 유도하지만, 독자에게 아무런 해석의 여지를 남기지 않는다. 모든 의미는 서사 내부에서 소비되고 외부의 사유는 허락되지 않는다. 책을 읽는 재미는, 파편적인 텍스트, 독자가 능동적으로 해석의 공백을 채워야만 하는 이야기에서 느낀다. 완벽한 플롯은 독자를 이야기의 주체가 아니라 수동적 감상자로 만든다.

'쾌락의 텍스트'의 구조는 '차이 없는 반복'을 지속한다. 익숙한 플롯과 반복되는 구조, 안전한 해피엔딩, 그 안에는 사건의 의미 있는 진동도 없고, 존재의 동요도 없다. 진정한 창조는 차이에서 오고, 의미는 예측 불가능한 변화에서 솟기 때문이다. 그러나 완벽하게 반복되는 서사는 동일성에 사로잡혀 차이를 허용하지 않는다. 거기에는 삶의 우연성, 세계의 낯설음, 존재의 틈이 배제된다. 그래서 이야기는 강력하지만, 생명은 없다.

인간의 욕망은 결핍에서 생겨나며, 이야기는 그 결핍을 드러내는 방식으로 움직인다. 하지만 상업서사는 너무나 능숙하게 욕망을 충족시킨다. 모든 갈등은 설명되고, 모든 결말은 닫힌다. 그곳의 언어는 빈틈없이 작동하고 '실재'의 구멍은 봉합된다. 그래서 더 이상 질문할 것도, 욕망할 것도 없다. 남는 것은 충족 이후의 침묵, 오르가슴 이후의 정지된 공허다.

예술가들은 이 완벽함의 폭력에 저항해 왔다. 베르톨트 브레히트 Bertolt Brecht는 관객이 이야기에 몰입하지 않기를 바랐다. '그렇게 낭만주의적인 얼빠진 눈으로 바라보지 마시오'. 그는 이야기 속 감정에 빠지기보다 이야기 바깥에서 그 감정을 성찰하길 원했다. 그가 말한 '낯설게 하기'란, 바로 이 몰입의 차단을 통해 사유의 공간을 회복하려는 전략이다. 공허하지 않은 서사는 감정의 충족이 아니라 이상

한 불편함 속에서 관객을 깨운다. '욕망의 표준화'에 저항했던 파올로 파졸리니Pier Paolo Pasolini는 산문적 영화에 반기를 들고, 시적 영화의 가능성을 찾았다. 그의 영화는 플롯보다 이미지의 반복과 파열, 대사의 단절과 침묵을 통해 의미의 붕괴를 연출한다. 그는 설명하려 하지 않았다. 언어를 신뢰하지 않았다. 오히려 관객이 감당할 수 없는 말의 부재, 장면의 틈 속에서 스스로의 경험을 찾아가길 바랐다. 그가 말하는 영화는 완결이 아니라 열림이다. 간혹 질문은 끝나지 않은 채 남아 있어야 한다.

결국, 플롯이 완벽한 이야기는 왜 공허할까, 같은 질문이다. 우리가 우리의 본성이 끝내 포기하지 않고 추구하는 실재, 그 실재에 도달하는 방법은 그런 완벽한 플롯의 방법, 즉 개연성의 방식이 아니기 때문이다. 개연성이란, 언어가 작동하는 방식이며, 언어는 세계를 질서화하고 의미를 구성하지만, 그로 인해 많은 것을 지워 버린다. 실재는 그 질서의 바깥, 즉 개연성의 그물 바깥에 존재한다. 우리 언어의 그물은 결코 실재를 포획하지 못한다. 이야기가 너무 잘 짜일수록, 너무 그럴 듯할수록, 우리는 '실재'로부터 멀어진다.

반대로 균열이 있는 이야기, 플롯이 일그러진 이야기, 설명되지 않는 구멍이 있는 이야기에서 실재는 문득 고개를 내민다. 예술이 해야 할 일은 모든 것을 설명하는 것이 아니다. 오히려 설명할 수 없는 것의 자리를 비워 두는 것이다. 그 빈자리를 통해 우리는 상징의 그물 너머를 응시할 수 있고, 언어의 바깥에서 울려오는 실재의 목소리를 느낄 수 있다.

말 너머에 있는 존재

삶의 규칙은 '말'의 옷을 입고 우리 안으로 들어왔다. 그것은 오직 말의 힘으로 나를 지배했다. '울어서는 안 되는 거야', '말을 할 때는 나를 봐야 하는 거야', '이 시간에는 잠을 자야 하는 거야', '원래 그래야 하는 거야' 하고, 누군가가 '자신의 말을 하지 않는 방식'으로 내게 말하고 있었다. 그것은 전달하는 언어였다. 말 뒤에 누군가가 있었다. 이 '대타자의 언어 전달 방식'은 더욱 강한 지배력을 가졌다. 그것은 설명할 수 없는 큰 힘을 가지고 있었고, 믿을 수밖에 없는 논리가 짜여 있었다.

하지만 그 성긴 논리의 구멍 사이로 중요한 것들은 빠르게 빠져나갔다. 그것들이 빠져 나간 후 우리에게 남은 것은 엉성한 언어 구조뿐이었다. 우리 신체의 쾌락은 그렇게 어리숙하지만 폭력적인 방식으로 박탈되었다. 그렇게 길들여지면서 우리는 더 이상 이데아의 언어를 말할 수도 들을 수도 없게 되었다. 우리는 그렇게 에덴의 말 Logos을 잃었고, 결국 팔루스의 언어에 길들여지는 여정을 걷게 된다. 스스로 권력이 된 이 왕의 언어는 오늘도 우리에게 '안 되는 거야'를 계속하고 있다.

그 후 우리는 '선악과'로 주어진 언어Language를 통해서만 모든 것을 인식하게 되었다. 오직 그것으로만 선과 악, 미美와 추醜를 구별한다. 언어의 틀이 없이는 어떤 것도 알아보지 못하는 청맹과니가 된 것이다. 눈으로 본다고 생각하지만, 사실은 '말'로 본다. '나무'라고 불러야 그것은 나무가 되고, '슬픔'이라고 불러야 우리는 슬픔을 느낀다. 언어는 단지 이름을 붙이는 것만이 아니라, 우리 의식을 형성하는 방식이다. 아이는 '엄마'라는 단어를 배울 때, 그제서야 비로소 그 엄마를 분리된 존재로 인식한다.

언어는 단지 세상을 설명하는 수단이 아니다. 언어는 우리가 세계를 인식하고 나 자신을 형성하는 토대다. 페르디낭 드 소쉬르Ferdinand de Saussure는 언어를 '기표'와 '기의'의 임의적 결합으로 보았다. 의미는 사물에서 나오는 것이 아니라, 언어 체계 안에서 서로 다른 기표들 사이의 차이를 통해 생긴다. '나무'라는 말은 '풀'이나 '꽃'이 아니라는 차이를 통해 의미를 얻는다. 중요한 것은, 우리가 사물을 인식하기 위해서는 이미 그 언어적 구분의 틀 안에 있어야 한다는 사실이다.

더 나아가 언어는 우리의 신체마저 지배한다. "똑바로 앉아", "울지 마", "조용히 해", 이 반복적인 명령과 규율 속에서 우리의 몸은 길들여지고, 욕망은 정련精鍊된다. 이렇게 우리는 언어의 법이 지배하는 세계 안에서 탄생한다. 아이가 언어를 획득하는 순간, 그는 타인의 질서에 진입하게 되고, 그 순간부터 '욕망하는 존재'가 된다. '엄마'라는 말을 배우면서 엄마를 비로소 타자로 인식하고, 인식함으로써 타자가 되어 버린 그 엄마의 빈자리, 내면의 그 결핍의 자리에 욕망이 출현하는 것이다. 말은 우리에게 질서를 제공하지만, 동시에 결핍과 통제를 새긴다.

라캉은 이처럼 언어가 신체까지도 지배한다고 보았다. 신체는 '이미지'와 '언어적 명령', 즉, 상상계와 상징계의 교차점에서 형성된다. "손을 씻어야 해", "입 다물어", "눈 감아", 이러한 언어적 명령들은 신체를 구성하고 통제한다. 우리 정신과 몸은 이렇게 언어의 명령과 규칙 속에서 움직이고, 스스로 길들여진다. 이는 관습의 문제가 아니다. 우리는 그렇게 언어로 지어진 '존재의 집' 속에서 살아간다.

공백을 실천으로 옮긴 『고도를 기다리며』

그런데 이 언어의 지배가 완전하지 않았다. 하고 싶은 이야기는 이것이다. 그 언어의 틀 안에 완전히 지배되지 않는 어떤 것이 있었다. 언어로 해석되는 것을 거부하고, 의미화되지 않으려는 것이 있다. 언어로 환원되지 않는, 해석되지 않는 어떤 감각, 말로 옮길 수 없는 어떤 충동이 우리 안에 남아 있다. 언어로 묘사되지 않는 것, 언어에 붙잡히지 않는 그 자투리. 라캉은 우리의 무의식, 특히 신체와 언어 사이의 틈새에 주목했던 것으로 보인다.

말로는 설명되지 않는 감각과 이해되지 않는 충동들, 이유를 알

마이크 니콜스Mike Nichols 연출, 사무엘 베케트의 〈고도를 기다리며〉,
미치 E. 뉴하우스 극장 내 링컨 센터 극장, 1988
스티브 마틴과 로빈 윌리엄스가 출연해 많은 관심을 받았다.

수 없는 감정의 소용돌이. 이 모든 것은 언어가 장악하지 못한 곳에서 벌어지는 것들이다. 그것은 꿈의 방식으로, 어떤 예술적 충동으로 우리의 몸과 정신에 스며든다. 이를테면, 사랑하는 사람을 떠올릴 때 '사랑'이라는 말로는 다 담을 수 없는 어떤 떨림, 말끝에서 막히는 숨, 손끝에 오래 기억되는 감촉 같은 것. 그 순간 우리는 헐떡이는 언어의 경계에 도달한다. 언어의 바깥 저편을 느끼게 되는 것이다. 우리는 언어로 된 존재이지만, 그러나 언어로 다 쓰여지지는 않는 매력적인 존재이다. 언어로 지어진 집에, 조금 덜 닫히거나 혹은 구멍 뚫린 문 하나를 가진 존재인 것이다. 그 문 너머, 말이 가 닿지 못하는 공간에, 그대와 나의 욕망의 진실이 숨어 있다.

언어가 채우지 못한 '텅 빈' 그것은 단지 결핍이나 부재가 아니다. 그것은 언어로 구성된 질서, '개연성'의 바깥을 드러내는 열쇠이다. 우리가 믿는 개연성의 세계는 서사가 원인과 결과의 연쇄로 짜여 있어야 한다고 생각한다. 그러나 우리의 무의식은 다르게 작동한다. 어떤 꿈은 전혀 개연성이 없고, 어떤 말 실수는 문법과 인과를 거스르는 방식으로 진실을 드러낸다. 바로 이 지점에 우리의 진실이 숨어 있다.

사무엘 베케트Samuel Beckett의 『고도를 기다리며』는 우리가 알고 있는 서사와 전혀 다르게 전개된다. 등장하지 않는 인물, '고도'를 기다리는 이 희곡은 사건도 결말도 없이 흘러간다. 그러나 객석에 앉은 그대는 그 부재, 그 공백 속에서 끊임없이 흘러가는 시간들을 해석하고 있다. 그러다가 문득 객석에 불이 켜지면, 고도를 기다리던 의자에 베케트와 나란히 앉아 있는 자신을 의식하게 된다. 그 의자에 앉아 결국 그대는, 그대의 무의식과 마주하게 된다. 의미는 전달되는 것이 아니라, 무엇인지 알 수 없는 형태로 떠안겨진다. 이것이 바로 그대와 나란히 앉은 베케트가 그대에게 선물하는 '텅 빈 것'이다.

우리는 언어로 지배받지만, 동시에 언어 바깥의 감각을 경험하는 존재이다. 그리고 그 바깥, 그 공백 안에 진실이, 혹은 아직 이름 붙이지 못한 욕망이 숨어 있다. 우리가 믿어 온 개연성의 구조 바깥에서, 우리는 비로소 다른 방식으로 존재를 사유하게 되는 것이다. 우리는 언어로 세상을 조직한다. 그러나 언어로는 결코 완결되지 않는다. 의미는 하나의 기표에서 다른 기표로 끝없이 미끄러지며, 주체는 그 미끄러지는 체계 안에서 자기를 표현하려 애쓴다. 하지만 말은 언제나 말해지지 않은 것, 설명되지 않는 틈을 남긴다. 그것이 바로 공백이다. 다시 말하지만, 이 공백은 단순한 결핍이 아니다. 실재는 바로 이 언어화에 실패한 결핍에 근거한다. 기표로 포착되지 않는 그것은 이해되지 않는 예술의 장면으로 출현한다. 설명이 아닌 충격으로 다가오는 감각, 침묵과 실패로 말해지는 진실이다. 이 공백은 독자와 관객에게 열린 공간이며, 그것을 통해 해석을 양도한다. 말해지지 않은 진실이야말로 가장 깊은 차원에서 우리를 움직인다.

그것은 매우 낯선 언어

우리가 가진 언어는 이렇듯 의식과 무의식 두 층위에 잠재되어 작동하며, 그 심연의 언어는 매우 낯선 언어이다. 문득 구멍에서 흘러나온 것을 탐닉하지만, 옹이 구멍 사이로 스치듯 그림자를 보여 주는 방식을 말로 설명할 수는 없다. 우리의 얕은 기억 속에서 작동하는 이야기들은 상대하기 쉽지만, 심연의 물결 사이, 그 주름 속에 잠재되어 있는 이야기들, 그 이미지 방식의 이야기들과 소통하기는 쉽지가 않다. 우리는 그것들과 잘 소통하지 못한다. 우리에게 있는 것은 대부분 잃어버렸거나, 있다고 해도 쇠퇴한 방식만이 아주 조금 남아 있을 뿐이다.

이러한 형식이, 이러한 구조가 이를테면 우리의 무의식 속에 잠재되어 있는 바로 그 픽션의 형태이다. 우리 속에 있는 지식들도 그렇고, 우리의 정체성을 구성하고 있는 픽션들도 그렇다. 하지만 영영 그곳과 소통할 방법은 없는가. 그것은 마치 외계에서 들려오는 모르스 부호처럼 알 수 없지만, 그 균열 사이로 문득 스쳐 가는 그림자를 보게 된다.

프랜시스 베이컨의 '말로 설명할 수 없는 감각적 충격'과 그 생생한 고통, 말 이전의 언어… '존재의 말걸음'은 어떤 경험인가.
하이데거는 다음과 같은 순간들을 '존재의 말걸음' 경험이라고 본다. 깊은 숲길을 걸을 때, 문득 모든 존재가 신비롭게 느껴지는 그

때…. 사랑하는 사람의 얼굴을 바라보다가 말로 표현할 수 없는 감정이 휘몰아칠 때. 그리고 예술 작품 앞에서 압도당해 말문이 막히는 순간, 죽음이나 탄생과 같은 극적인 순간에 세상이 낯설고 신성하게 느껴질 때… 이 모든 순간은, '존재가 우리에게 말을 걸고, 우리가 그 말을 감지하는 순간'이다. 이 '말걸음'은 논리적 언어로 포착되지 않는다. 그래서 하이데거는 우리에게 '새로운 경청', 이 시적인 언어를 들을 수 있는 태도를 요구하고 있다.

공백의 방식
_모호한 것에서 더 잘 보이는 것들

모호함이 가져온 결핍의 순간

'앰비규어스Ambiguous하다'는 모호하다는 뜻이다. 모호하다는 것인데, 그냥 모호한 것이 아니고 '중첩되어 모호하다'이다. 다시 말하자면, 앰비규어스는 기본적으로 둘 이상으로 해석될 수 있어서 명확하지 않은 상태를 뜻한다. 어원으로 보면 ambi-는 '둘'을, -guous는 '움직이는to drive'을 뜻해서, '양쪽으로 움직이는'이라는 뉘앙스를 갖는다. 하나로 고정되지 않고 여러 방향으로 열려 있는 상태를 말하는 것이다. 이미지들이 여러 개 중첩되어 보일 때는 모호할 수밖에 없다. 우리의 인식 행위가 의미를 결정짓지 못하고 유예되는 상태를 이를 때 사용하는 말이다. 우리가 가진 서사는 이러한 앰비규어스한 언어 방식을 가지고 있다.

누군가의 소개로 남자와 여자가 만났다. 이런 만남에서 마음에 쏙 드는 상대를 만날 수 있는 가능성은 거의 없지만, 대개는 일생에 한두 번은 벌어진다. 나를 향해 미소 짓는 그 눈빛에 블랜딩 된, 올

라간 입꼬리에 두 번 접힌 주름의 이미지가 주는 순간은 내 인생에서는 물론이고, 그녀의 인생에서도 딱 한 번만 일어날 수 있는 일이다. 기적 같은 일이 벌어졌다. 그날 그 시간 동안 함께했던 그 모든 것들은 아주 오랜 세월 동안 생생하게 기억에 남는다. 내 얘기에 반응하는 그녀의 낮은 탄식이나 긴장 속에 가빠지는 숨소리까지 떠오른다. '맞아요' 하면서 무심결에 마주친 그녀의 눈빛은… 설명할 수 없지만, 운명이라는 생각이 들었다. 첫 만남에서 그대는 그녀에게 빠졌다. 집에 돌아와 잠자리에 들면서 이제 그녀에게서 헤어날 방법이 없겠다는 생각에 사로잡힌다.

그런데 불가사의하게도 그 모든 생생한 것들 가운데 그녀의 얼굴이 떠오르지 않는 것이다. 그녀와의 모든 시간이 명료한 가운데 그녀의 얼굴이 없다. 그녀의 낮은 탄식까지 이토록 생생한데, 왜 얼굴이 없는 것일까. 이것은 흔하게 벌어지는 일인데, 막상 닥치고 보면 매우 기괴하다는 생각마저 든다. 서너 시간을 마주 보며 빠져 들었는데, 가장 직접적으로 그녀를 반추할 수 있는 얼굴이 생각나지 않는다. 수없이 많은 일들이 있었으니 그중 몇 가지는 떠오르지 않을 수 있다. 하지만 얼굴이 떠오르지 않거나 그녀의 나이가 몇인지 기억나지 않는 사실에 이르면, 정말 내가 그녀를 좋아하게 된 것인가, 의심하지 않을 수 없다.

이런 경우 나는 그대가 그녀에게 빠졌다고 단언한다. 그 사태를 변호하자면, 이럴 때 우리는 그 사람에 대한 썸네일 하나를 가져온 것이다. 그대가 가져온 그 썸네일에 그녀의 얼굴과 나이가 없었을 뿐이다. 썸네일 안쪽에는 이를테면 들뢰즈의 주름방식, 그 망각의 이면에, 그녀와 함께했던 시간 동안 그대의 감각들이 수집한 정보들이 집적되어 있다. 화강암의 요소들처럼 명료하고 견고하게… 그러나 거기에 그동안 우리를 길들여 온 대표성을 가진, 이를테면 얼굴이라든지 이름이라든지 나이 같은 것들이 전면에 드러나 있지 않았던 것이다.

우리의 관성은 이럴 때 우리를 깊은 혼란에 빠뜨린다. 이 지각의 불확정성은 우리 자신을 의심하게 만든다. 하지만 그대는 그녀에게 빠졌다. 그동안 우리를 길들여 온 얼굴과 나이를 넘어서는 어떤 큰 매력이, 매우 낯선 형태로 그대에게 포착되었다는 증거다. 그대는 거기에서 헤어나기 힘들 것이다.

어떤 대상을 볼 때, 우리 인식은 항상 해석을 동반한다. 그런데 하나의 자극이 둘 이상의 해석을 허용하거나, 그 둘 이상을 하나로 묶을 끈을 발견하지 못했을 때, 우리는 혼돈을 경험하게 된다. '루빈의 꽃병'처럼 하나의 사물이 꽃병이기도 하고 사람의 얼굴이기도 하다면, 우리의 지각은 지체없이 해석을 유보할 것이다. 우리의 인식 행위 자체가 의미를 결정짓지 못하고 유예하는 상태에 빠지는 것이다. 거기에는 의미 없는 감각적 무더기만 있을 뿐이다. 이것은 우리의 지각 체계가 멈추는 '텅 빔'을 경험하는 순간이다. 모호함이 가져온 결핍의 순간이다.

나는 나다 – 모호함으로 뜻한 것

자신의 이름을 묻는 모세에게 야훼가 준 대답은 '나는 나다'였다. 그러니까 야훼가 답한 "에히에 아셰르 에히에אהיה אשר אהיה"의 뜻은 '나는 나다'이다. 그 이름이 오늘날까지 바로 그 의미의 가장 강력한 존재 '야훼'인 것이다. '야훼'는 '나는 나다'라는 의미를 가졌다. 자크 라캉은 출애굽기의 이 구절에 대해 『에크리Ecrits』와 『세미나』들에서 중요한 의미로 설명하고 있다. 라캉에 따르면 이 '나는 나다'는 하나의 의미작용Signification의 중단을 나타낸다. 우리는 기본적으로 기표와 기의를 통해 자신을 정의한다. '나는 누구인가'라는 질문에 응하는 대답은 하나의 이름 혹은 하나의 의미여야 하는 것이다.

그러나 야훼는 그 어떤 확정된 의미도 주지 않았다. 그저 기표만 내놓았다. 나는 나다. 기표가 그를 가리키고 있지만, 그것은 아무것도 의미하지 않는다. 그저 텅 비어 있는 '공백'이다. 의미를 찾으려는 욕망을 무너뜨리며 '의미의 부재'만을 현전시키는 것이다. 이 순간 대타자의 자리에 있던 신은 자기 자신 안에서도 텅 빈 존재로 드러나는 것이다. 그럼으로써 야훼는 '나를 특정 기표로 규정하지 말라'고 선언한다. 자신은 어떤 고정된 이름, 고정된 의미로 환원될 수 없는 존재라는 것이다. 이것은 나중에 다시 얘기할 '바울의 우상에 대한 경고'와 그 취지가 닮았다. '나를 특정 기표로 규정하지 말라'는 것이다. 그리하여 그것은 우리에게 미끄러지는 의미, 아직 오지 않은 의미로 남는다. '존재'는 이것으로 한 번 더 큰 좌절을 안긴다. 모든 말하기는 근본적으로 '자신을 완전히 의미화하지 못한다'는 것이다. 그곳에는 항상 결핍과 공백이 존재한다는 것이다.

언어는 언제나 결핍을 품고 있으며, 그 결핍은 말과 말 사이의 공백으로 드러난다. 우리가 어떤 문장을 완성할 때, 그 문장은 우리의 깊은 뜻을 온전히 옮기지 못한다. 야훼가 모세에게 '나는 나다'라고 말했던 것은, 설명을 거부했던 것이 아니라 설명이 불가능함을 말하고 있는 것이다. 그 말은 우리 언어, 곧 상징 세계의 환유적 체계로는 완전한 뜻을 붙들 수 없다는 뜻이다. 그렇다면 우리에게 진리의 언어는 없는가. 아직 절망하기에는 이르다. '언어는 진리와 어긋난다. 하지만 그 어긋나는 방식이 진리와 가장 깊이 접촉하는 방식이다'. 이것은 '말해지지 않음의 자리에서 다시 말할 수 있는 가능성'에 관한 이야기이다.

모리스 블랑쇼에게 진리는 명료함 속에 존재하지 않는다. 오히려 말이 멈추고 의미가 흐려지며, 문장이 흔들릴 때 진리는 슬며시 그 틈으로 스며든다. 문학은 바로 이 틈을 사유하는 장소이다. 문학의 언어는 진리를 직접 가리키지 않지만, 그 주위를 맴돌며 끊임없이 포획하기를 실패하고, 그 실패를 통해 진리의 자리를 향해 가는 것이다. 그것은 '말해지지 않는 것을 말하려는 끈질긴 시도'이며, 이 반복 속에 진리가 그림자를 드리운다.

일본어 'ただ[ta.da]'는 한자 '只'로 표기되기도 하는데, 이것은 우리 말의 '그냥'과 가장 닮았다. 이 말은 어떤 목적도 소유도 없이 하나의 것에 귀속되지 않는 순수함을 지녔다. 그것은 특정한 지향 없이 있는 그대로 머무는 상태이며, 의미화의 억압에서 벗어난 언어적 여백을 가지고 있다. 우리 말의 '그냥'은 '그냥 좋아서요', '그냥 한 번 해본 거예요'처럼 설명을 피하거나 스스로를 낮추기 위해 쓰인다. 말은 있지만 의미는 조심스럽게 가려진다.

반면 일본어의 'ただ'는 말하지 않음이 말보다 더 많은 것을 전할 수 있다는 일본 특유의 문화적 정서 안에서 작동한다. 'ただ, 見ていた[ta.da mi.te.i.ta]'는 직역하면 '그냥 보고 있었다'이지만, 맥락에 따라 '나는 거기 있었고, 그냥 봤다. 더 이상은 말하지 않겠다'는 침묵의 뉘앙스를 지닌다. 이처럼 설명을 생략하고 상태를 그대로 머무르게 하는 표현은 언어의 여백을 드러내며, 의미를 부여하지 않음으로써 오히려 깊은 의미에 도달하는 아이러니를 보여 준다. 이런 표현은 블랑쇼가 말한 '침묵과 부재를 품은 언어', 곧 말이 무너진 자리에서 시작되는 진리의 언어에 가까운 뜻을 가졌다.

그 여백을 '말의 머묾'이라 부른다. 말이 멈추는 자리, 즉 우리가 더 이상 명료하게 말할 수 없는 그 지점에서 말은 차원을 바꿔 다시 태어난다. 그것은 이름 붙일 수도 없고, 붙잡히지도 않는 방식으로 존재한다. 그러므로 진리는 완전한 문장 속에서가 아니라 무너진 구문에서, 미끄러지며 반복되는 문장 안에서 작동하는 것이다. 이러한 블랑쇼의 사유는, 우리에게 진리의 언어가 없다는 것이 곧 언어의 파산을 뜻하지 않음을 말해 준다. 우리는 실패함으로써 진리에 가까워진다. 문학은 바로 그 실패를 견디는 예술이다. 말이 자기를 부정할 수 있을 때, 말은 더 깊은 층위의 진실성에 다가간다. 이것이 블랑쇼가 말하는 '말해지지 않는 것의 언어'다. 그러니 우리는 말해지는 것보다, 말해지지 않는 것에 귀 기울여야 한다. 완성된 문장보다는 도달하지 못한 문장의 떨림 속에서 우리는 여전히 진리를 희망할 수 있다. 언어는 그것을 말하지 못하지만, 그것 없이는 말할 수 없다. 그 말과 침묵의 경계, 바로 그곳이 진리의 가능성이 머무는 자리다.

라캉의 언어를 빌려 말하자면, 이것은 '대상a'이고 상징계에 저항하는 실재의 결절이다. 언어가 도달할 수 없으나 결코 외면할 수 없는 것. 이 실재는 모호한 것이 아니다. 우리에게 명료하게 작용하나 설명할 수 없다. 오히려 그것은 우리가 의미를 부여하려는 모든 시도에 저항함으로써 스스로를 드러낸다. 다시 말하자면, 그것은 '나는 나다'의 방식이다. 야훼의 이름에서 '실재의 결절'을 자의적으로 풀어 우리 언어의 방식으로 이해될 수 있도록 규정하고 주장한다면, 그것은 바울이 경고한 '우상'과 다름이 없다.

그렇게 규정한 것을 불가피하게 말할 수 있으나 주장할 일은 아니다. 인간의 언어로 포획할 수 있는 신은 인간의 사고 안에 갇힌 신, 다시 말해 인간이 만들어 낸 신일 뿐이다. 역시 인간의 솜씨로 돌에 새긴 것과 같은 신이다. 신이 돌 안에 갇혔듯이 인간의 말 안에 갇히는 것이다. 야훼가 스스로를 '나는 나다'라고 밝힌 것은, 인간의 언어에 포획되지 않겠다는 뜻이며, 그리하여 우상이 되지 않으려는 '실재'로서의 의지였다.

내 격정의 청춘 속으로 걸어 들어온 한 송이의 꽃

그가 왜 좋은가 하고 묻는데, 대답은 '그냥'이다. 호불호가 막연해서가 아니다. 이유가 있었을 것이다. 설명할 수는 없다. 그가 왜 좋은가에 대해 많은 설명을 할 수 있다면, 상대에게서 언어로 규정할 수 있는 것들에 매력을 느낀 것이다. 남녀가 짝을 이루도록 하는 리얼리티 쇼 프로그램이 있다. 각기 짝이 되어 데이트를 하고 돌아온 저녁 시간에, 남자의 방과 여자의 방에서 그날 인상적이었던 이야기들을 나누게 된다. 오늘 데이트한 상대의 장점에 대해 아주 구체적으로 설명을 하는 사람이 있다.

우리는 대체로 그가 설명하는 대상과 짝이 될 것이라고 예상한다. 하지만 마지막에 짝이 되는 사람들은 놀랍게도 '잘 모르겠어요'라고 말했던 대상, '잘 모르겠지만 그 사람이 참 성가시네요'라고 표현했던 상대와 짝이 된다. 그가 좋다는 것을 구체적인 말로 설명할 수 있는 그 길에는 사랑이 기다리고 있지 않는다. 분명하지만 설명할 수 없는 것들이 있다. 말로 설명할 수 없는 것. 프랜시스 베이컨이 떠오르는 대목이다. '말로 설명할 수 있다면 왜 그리겠는가'.

예술가의 진술이 그러하다. 말로 할 수 있다면 왜 시를 쓰거나 그리겠는가. 같은 얘기로 나란히 놓자면, 예수는 왜 죽었겠는가. 그대에게 사랑을 설명할 수 있었다면… 말로 그 사랑을 증명할 수 있었다면, 예수는 죽지 않고도 그대를 구원했을 것이다. 설명하지 않을 수 없는 사태 속에서 그것을 증명해 보여야 했다면, 그 죽음 앞에 우리 언어의 처지가 너무 비참하지 않았겠는가. 이것이 '말씀' 그 자신이 죽을 수밖에 없었던 이유이다. '태초의 말씀Logos'을 잃어버린 자들을 위해 '말씀'이었던 그가 죽었다. 다른 도리가 없었다. 말로 할 수 없는 것, 설명할 수 없는 것, 하지만 우리의 불안은 그것을 기어코 언어 안으로 포획해 오고, 결국 우리는 그것을 따른다. 그렇게 포획되어 우리 사유의 창고 속에 가두어진 것은, 당장은 선명하나 앰비규어스하지 않다.

그리하여 가끔 이런 얘기를 듣게 된다. "그대는 나를 사랑해? 사랑하는 걸 구체적으로 말해 봐." 요청에 부응하여 우리는 종종 무모한 도전을 한다. 마침 그럴 듯한 말이 떠오르기도 했고… 그대는 그녀의 눈을 바라보며 말한다. "당신은 내 격정의 청춘 속으로 걸어 들어온 한 송이의 꽃이었어." 이 말을 들은 그대의 그녀는 눈시울을 붉힐 수도 있다. 하지만 다음 그녀의 생일에도 운 좋게 새로운 말이 떠오를까. 아주 좋았던 기억을 가지고 있었으므로 그대는 지난해의 그것을 반복해서 진술해 낼지도 모른다. '한 송이의 꽃'은 그렇게 시든다. 그대의 연인을 화나게 할 생각이라면, 그것을 똑같이 세 번째 하라. 이것이 우리의 낡아지는 언어이다.

언어의 엔트로피

우리에게 낡아지지 않을 진리의 언어가 있는가. 이 질문은 단순히 말로 표현할 수 있는 것의 한계를 묻는 것이 아니다. 그것은 곧, 우리가 진리라 부르는 무엇인가에 도달할 수 있는지를, 더 나아가 그 진리 가까이에 갈 수 있는가를 묻는 질문이다. 착한 것과 아름다운 것 그리고 신성과 존재, 이 모든 것들은 우리의 언어 바깥에 있다. 우리는 그것들을 가리킬 수는 있어도 그것을 포획해 낼 수는 없다.

이 침묵의 지대가 '실재계'이다. 이 말로 우리의 감각은 더욱 단호해졌다. 실재實在-le Réel-Actual Being는 말 이전, 상징화 이전의 영역이다. 주체가 언어의 세계, 즉 상징계에 진입하는 순간, 실재는 언어의 그물망 사이로 빠져나간다. 실재는 상징계에 저항하는 힘이며, 결코 완전히 포착될 수 없는 어떤 것이다. 우리가 말할 때마다 느끼는 결핍감, 말하고 나서도 여전히 전해지지 않는 어떤 느낌, 그것은 실재가 언어 안에서 비껴나 있음을 보여준다. 그러나 우리는 포기하지 않는다. 기표 위에서 거듭 미끄러지기를 포기하지 않는다. 진리는 말 너머에 있지만, 우리는 말 속에서 진리의 그림자를 더듬는다. 진리의 언어가 없다면, 왜 우리는 이토록 많은 언어의 방식들을 발명했는가. 그 끝없는 말하기는 실재에 대한 끈질긴 애도이자 욕망이다.

공백의 형태로만 증명되는, 언어로 설명할 수 없는 그것이 우리 정신세계에 존재한다. 그리고 그 낯선 것이 우리에게 멀리 있는 것처럼 여겨지나, 사실은 우리 삶에 크게 영향을 미치는 형태로 아주 가까이 존재한다는 것이다. 그냥 존재하기만 하는 것이 아니라 우리는 끊임없이 그 실재에 도달하려고 하는 충동 속에 있다. 결코 꺼지지 않는 충동이다. 어느 날 이 낯선 것들이 불쑥불쑥 우리를 찾아온다. 낯선 시간으로도 찾아오고, 낯선 장소로도, 낯선 사람으로도 찾아온다. 내가 권태로운 언어에 빠져 헤매고 있을 때, 새로운 언어로 불쑥 찾아오는 것이다. 우리 안에 그 낯선 것을 추구하는 타나토스가 있다. 그것은 죽기 위한 것이 아니다. 새로운 것을 찾기 위한, 새로운 에로스를 얻기 위한 것이다. 권태로움에서 벗어날 새로운 픽션을 얻는 것, 새로운 서사가 시작되는 시점이다.

지워진 것에서 느끼는 것

파라시오스의 베일

라캉은 『세미나11』 8강과 9강에서 고대 그리스의 두 화가, 제욱시스와 파라시오스 이야기를 한다. 이 고전적인 일화는 로마 시대 박물학자 플리니우스의 『박물지 Naturalis Historia』 제35권에 등장하는데, 라캉은 이 장면을 통해 '실재'의 작동 방식을 말하고 있다. 제욱시스는 포도를 그렸다. 그는 신라의 솔거처럼 정밀하게 포도를 재현해 냈다. 포도는 매우 사실적이어서 새들이 날아와 쪼아 먹으려 할 정도였다.

반면에 파라시오스의 그림은 커튼으로 가려져 있었다. 파라시오스는 제욱시스에게 커튼을 열어 보라고 했고, 그림을 보기 위해 가까이 가 손을 내민 제욱시스는 그것이 커튼이 아님을 알았다. 파라시오스는 커튼만 그렸던 것이다. "나는 새들을 속였지만, 너는 나를 속였구나." 이 에피소드는 화가들의 솜씨 대결을 넘어 '보는 것'과 '보여지는 것' 사이에 놓인 균열과 그 틈새에서 작동하는 욕망의 구조를 설명하고 있다. 제욱시스의 그림이 완벽한 재현을 추구한 반면,

19세기 독일 화가 카를 루트비히 티에데만의 작품인
〈제욱시스에게 포도 그림을 보여 주는 새들〉.

파라시오스는 커튼을 그림으로써 오히려 가려짐 그 자체를 보여줬다. 라캉에게 이 커튼은 단순한 시각적 트릭이 아니다. 그것은 보는 주체가 보여지는 전체를 지배할 수 없다는, 실재의 빈자리를 암시하는 시선의 역설이다. 보는 자는 항상 어떤 부분을 놓치고, 그 놓친 자리에서 욕망이 솟는다.

이처럼 예술은 사실을 그려 내는 일이 아니다. 오히려 사실을 가리키면서도 그것을 명확히 말하지 않는 방식을 통해 말해질 수 없는 진리의 구조를 드러낸다. 그것은 결코 언어로 포획될 수 없다. 의미는 항상 미끄러지며, 주체는 그 언어 체계 안에서 자신을 말하려 하지만 늘 말해지지 않는 무엇인가가 남는다. 그 남겨진 것, 바로 이것이 실재다. 예술은 이 실재를 포착하려 한다. 그러나 그것은 재현이나 설명을 통해서가 아니라 침묵과 공백, 말하지 않음으로써 움직인다.

20세기의 많은 예술가들이 의도적으로 '상식으로 이해되지 않는' 작품들을 창조한 이유도 여기에 있다. 그것은 감추려는 것이 아니라, 오히려 해석의 권한을 관객에게 양도하려는 시도이다. 쉽게 요약되지 않고, 설명되지도 않지만 분명히 작동하는 충동이 있다. 관객은 거기서 자기 안의 무의식과 마주하게 된다. 마치 파라시오스의 커튼 앞에서 멈춘 제욱시스처럼, 우리는 그림 앞에서 멈칫하게 된다. 그 멈춤의 자리에서, 우리는 실재와 마주하게 된다.

이러한 양도는 예술이 동일성과 재현의 권위에 도전하고, 해석의 주체를 관객에게 넘겨주는 방식으로 작동한다. 작품 앞에 선 우리는, 작가에게 '무엇을 그렸는가'를 묻는 것이 아니라, 자신에게 '내가 지금 느끼는 이 낯선 감정은 무엇인가'를 묻게 된다. 예술은 더 이상 해답을 제공하지 않는다. 대신 답의 빈자리를 남겨 두며, 그 공백 속에서 관객의 상상과 욕망이 스스로 움직이게 만든다.

이것이 바로 실재의 침묵과 실패이다. 이 실패야말로 예술이 우리를 사로잡는 근본적인 힘이다. 커튼을 걷으려는 순간, 우리는 눈앞에 아무것도 없다는 것을 깨닫는다. 그러나 그 '없음'은 비어 있는 것이 아니다. 말할 수 없기에 오히려 더 풍부한 어떤 충동, 어떤 진실을 감지하게 된다. 공백은 단순한 결핍이 아니다. 그것은 작품이 우리에게 말을 건네는 방식이고, 그것을 온전히 보여 주지 않음으로써, 우리로 하여금 그 빈자리를 채우게 하는 것이다.

무엇을 지우는가

물레 위에 덩그러니 얹힌 진흙은 진흙일 뿐 아직 그릇이 아니다. 그저 한 덩이의 가능성으로 이름이 유예된 흙덩이다. 형상이 되기 위해서 그것은 먼저 이름 없이 존재해야 한다. 도공은 그 가능성을 감싸 쥔 채 물레를 돌린다. 흙을 다루는 도공의 손이 하는 것은 무엇을 빚어 내는 것이 아니라 그곳을 비우는 것이다. 너무 많이 밀어 넣으면 공간은 좁아지고, 너무 느슨하면 붕괴된다. 이 정밀한 비움의 균형은 언어 안에서 주체가 어떻게 자리를 잡아야 하는지를 말하고 있다.

언어는 항상 무엇인가를 말하면서 동시에 무엇인가를 비운다. 그리고 이 비워진 자리, 이름 붙일 수 없는 빈자리에서 주체의 욕망이 자라나는 것이다. 도공은 흙덩이의 중심에 공백을 창조한다. '욕망은 대상 그 자체를 겨냥하는 것이 아니라, 대상 곁의 결핍을 겨냥한다'. 우리는 무엇인가를 갈망할 때 그 무엇 자체보다 그 너머 우리로부터 '빠져나간 결핍'을 욕망한다. 도공이 물레 위에서 중심을 파내며 만들어 내는 이 공간에 대한 이야기는 우리가 주체로서 욕망을 작동시키는 구조를 설명하려는 라캉의 은유이다.

17세기 네덜란드 황금시대의 화가, 코르넬리스 기스브레히츠의 작품인
〈커튼이 드리워진 정물〉. 파라시오스의 일화를 계승하고 오마주하는 의미를 담았다.

지워진 것에서 느끼는 것

결국 그릇이란 '담기 위한 도구'가 아니다. 담김의 가능성 자체를 나타내는 형상이다. 이 가능성은 어떤 실체에서 비롯되는 것이 아니라, 오히려 '비어 있음'이 다듬어지고 숙성되는 과정에서 태어난다. 마치 소설이 모든 것을 다 말하지 않음으로써 오히려 더 많은 것을 떠올리게 하듯, 도공의 그릇도 그 비어 있음으로 인해 더 많은 세계를 품는다. 이 공백은 그저 빈칸이 아니다. 주체가 자신을 투사하고, 욕망이 순환하며, 언어가 멈추는 자리이다. 도공의 작업실 한켠에서 우리는 존재가 어떻게 결핍 위에 구축되는지를 목격한다. 여기, 이 비어 있는 곳이 바로 그대의 자리이다.

무엇을 지우는가. 파라시오스는 재현이라는 관습적 언어를 지우고, 그 자리에 아무것도 말하지 않는 침묵을 놓았다. 하지만 그 침묵은 공허하지 않다. 오히려 너무 과잉된 어떤 것, 기표로는 포착할 수 없는 무엇인가가 있다. 그것은 언어 바깥의 어떤 것이다. 실재는 '항상 그 자리에 있었지만 결코 말해지지 않았던 것'이다. 제욱시스가 마주한 파라시오스의 장막은 그 실재를 숨기는 동시에 그것이 도래할 수 있는 자리로 열려 있었다. 그것을 느끼지 않고 당대의 대가 제욱시스가 '졌다'고 했을 리가 없지 않은가.

이러한 '지우기'의 전략은 현대 예술에서도 지속된다. 예술가들은 '무엇을 그릴 것인가'보다, '무엇을 지울 것인가'를 고민한다. 그 고민 속에서 결핍은 정련된다. 그들이 지우는 것은 단지 구체적 대상만이 아니라 감각적 인상이나 낭만적 정서, 그리고 가능하다면 기성의 의미 체계도 지운다.

나무라는 확신은 사라져도 좋은

피트 몬드리안Piet Mondrian에게 나무는 단지 풍경 속에서 보여진 그저 나무가 아니었다. 나무 연작의 초기 〈붉은 나무〉에서는 여전히 묘사가 더 컸다. 인상주의의 여운 아래, 붉은 가지는 리드미컬하게 휘어지고 거기에서 강렬한 감각이 느껴진다. 그러나 곧 달라졌다. 그는 자연을 단순히 '보이는 것'으로서가 아니라, '구성되는 것'으로 보기 시작했다. 그렇게 색은 줄어들고, 형태는 단순해지면서 '지움의 시기'가 시작된다. 〈회색 나무〉와 〈꽃 피는 사과나무〉 단계에서 그는 본격적으로 재현에서 벗어나기 시작한다. 나뭇가지들은 복잡한 형태 대신 단순한 선으로 바뀌고, 그림 속 공간의 깊이도 얇은 평면처럼 납작해진다. 나무의 실제 모습은 사라지고, 선들이 만들어 내는 반복적인 느낌만 남게 되는 것이다.

그는 더 이상 나무를 있는 그대로 그리지 않고, 오히려 나무의 형태를 해체하고 있다. 이런 변화가 아주 확실하게 드러난 작품이 바로 〈타원형의 나무〉다. 이 그림에서는 더 이상 '나무'라고 알아볼 만한 이미지가 없다. 타원형의 윤곽선과 몇 개의 선들이 교차할 뿐, 우리가 아는 나무의 모습은 완전히 사라진 것을 볼 수 있다.

몬드리안이 지운 것은 단순히 눈에 보이는 것만이 아니었다. 그는 '나무는 이렇게 생겼다'는 확신을 지웠고, 대상을 똑같이 그려야 한다는 오랜 약속을 지웠다. 이것은 눈에 보이는 것만이 진짜라는 믿음을 지운 것이다. 그는 이렇게 지워 없애는 방식으로 그림을 단순히 눈으로 보는 감각적인 것에서, 생각하게 만드는 장으로 바꾸어 놓았다. 무엇인가를 지움으로써 분명하게 '없는 것-결핍'을 보여 주었고, 가장 본질적인 모습으로 나아가는 추상의 길을 열었다. 이러는 과정에서 지우는 행위는 무엇인가를 없애는 것이 아니다. 오히려 새로운 것을 만들어 내는 '갱신의 행동'이었다. 눈으로 보던 껍데기를 벗겨낸 자리에서 우리는 '눈에 보이는 너머의 것'과 마주한다. 그곳에는 더 이상 우리가 아는 나무가 없지만, 우리가 아는 나무보다 훨씬 더 깊은 '실재'를 만나게 되는 것이다. 결국 지움은 가장 파격적으로 실재를 향해 나아가는 창조 행위였다.

재현의 순간, 우리는 무엇인가를 잃는다. 잃어버리게 되는 것은 재현을 허락하지 않는 실재의 결절이다. 우리의 언어 안에서는 용해되지 않는 결절이다. 실재는 결코 기표의 사슬 안으로 들어오지 않으며, 항상 의미의 가장자리에서만 힐긋 모습을 드러낸다. 우리는 그것에 전율한다.

몬드리안이 지운 것은 그 '경계의 떨림'에 집중하기 위한 과정이었다. 그는 나무를 그리는 것이 아니라, 나무의 이름조차 잊었을 때 도달하는 어떤 형상, 침묵과 비가시성의 질서를 추적한 것이다. 지운

〈저녁: 붉은 나무〉, 1908

〈회색 나무〉, 1911

〈꽃피는 사과나무〉, 1912

〈타원형의 나무〉, 1913

피트 몬드리안의 '나무 연작' 1. 2. 3. 4.
이 네 작품은 몬드리안이 구체적인 형상에서 벗어나
순수한 선과 면, 색으로 이루어진 '신조형주의De Stijl'로 나아가는
중요한 전환점을 보여 주는 연대기적 여정을 담고 있다.

지워진 것에서 느끼는 것

자리에는 어떤 해석도 놓이지 않는다. 그리하여 그대와 나는 그가 우리에게 양도한 공백을 응시하게 된다. 그것이 파라시오스의 커튼에서, 그리고 몬드리안의 추상에서, 우리가 마주하게 되는 진정한 의미의 경계, 실재가 출몰하는 자리이다. 재현을 통해 잃어버린 그 무엇, 예술은 그 결핍의 자리를 통해 우리로 하여금 그것을 느끼게 하는 것이다. 예술이 말을 멈출 때, 우리는 그것이 내민 가장 큰 의미를 보게 된다.

그들이 지우는 방식

게르하르트 리히터Gerhard Richter는 실제로 지우는 화가다. 그는 사진을 캔버스에 옮긴 뒤 그 위를 붓질로 뭉개듯 덧칠한다. 존재했던 사물은 지워지고, 그 흔적만이 남는다. 리히터는 현실의 이미지를 파괴하거나 가리는 방식으로 우리가 보았던 것과 봐야 할 것 사이에 흐릿한 베일을 드리운다. 관람자를 그 공백의 자리로 초대하는 것이다. 윌리엄 터너J.M.W. Turner는 리히터보다 훨씬 이전의 작가이지만, 유사한 방식으로 '지우는 것'을 실행했다. 그는 빛을 화폭에 지우개처럼 사용했다. 안개와 햇빛, 불꽃과 폭풍 같은 자연의 극적 요소들을 통해 사물의 윤곽을 지우며 구체성을 해체하는 방법을 썼다. 모네 이전에 이미 빛으로 풍경을 지운 화가이다. 사물은 빛의 압도 속에서 경계를 잃고, 세계는 하나의 환영처럼 흐릿해진다.

데이비드 호크니David Hockney는 다른 방식으로 지운다. 그는 사물의 '서사적 맥락'을 지워 버린다. 그의 수영장 그림이나 내부 장면에는 사건이 발생하지 않는다. 사람은 있지만 행동이 없다. 인물의 대사는 지워지고 의미도 지워진다. 수영장의 물속으로 누군가 뛰어들고, 누군가는 물끄러미 바라보는 장면 앞에서 그대와 나는 알 수 없는 망연함에 빠진다. 어, 이게 뭐지. 이 그림은 무엇을 말하는가. 의미의 부재가 역설적으로 의도의 존재를 환기시킨다. 그것이 호크니가 지우는 방식이다. 에드워드 호퍼Edward Hopper는 '고요한 불안'의 대가이다. 그의 그림에도 늘 존재하는 것이 있지만, 알 수 없는 상태에서 텅 비어 있도록 보이는 마술을 부린다. 창문 앞에 앉은 여인, 바에 혼자 있는 남자, 햇살 아래 놓인 침대, 그 어떤 장면도 우리에게 설명을 허락하지 않는다. 그는 의미를 지워 버림으로써 정적 속에 묻힌 내면의 목소리를 듣게 한다.

르네 마그리트René Magritte는 더 직접적으로 '의미'를 지운다. 그는 사물의 질서를 전복시킨다. 바위가 하늘에 떠 있고, 우산 쓴 신사들이 공중에 서 있다. 비가 추적추적 내리던 날 밤, 서울역 앞 '서울 스퀘어' 빌딩 벽면에 우산 쓴 신사의 이미지가 유령처럼 떠오르는 것을 보았다. 순간, 주변의 사물들도 맥락 없이 붕 떴다. 그것은 꿈도 아니고 현실도 아니다. 그의 그림은 존재의 익숙한 맥락을 제거하고, 그것을 카오스의 중심에 던져 넣는다. 그가 지운 것은 세계의 '당연함'이다. 마르셀 뒤샹 역시 지운다. 그는 '개념'을 지운다. '이것은 파

게르하르트 리히터,
⟨22.1.2000 [Firenze]
22.1.2000 [Florence]⟩, 2000
오버페인티드 포토Overpainted
Photographs 작품.
Firenze는 이탈리아어로
'피렌체Florence'를 뜻한다.

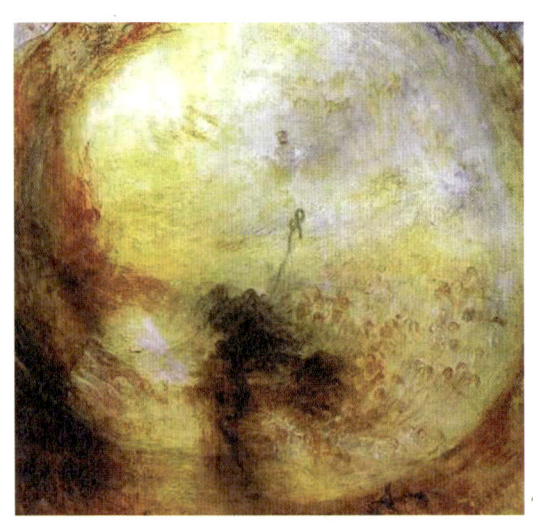

조지프 말로드 윌리엄 터너,
⟨빛과 색채(괴테의 이론):
뱀과 횃불을 건설하는 모세가
홍해를 건너는 이스라엘
백성에게 연설하다⟩, 1843
당시 유행하던 요한 볼프강 폰
괴테의 색채론에 영향을 받아
제작한 작품. 구약 성경 속
모세가 홍해를 건넌 후 이스라엘
백성들에게 연설하는 극적인
순간을 묘사했다.

데이비드 호크니, 〈예술가의 초상〉, 1972
수영하는 인물은 그의 연인이자 모델이었던 피터 슐레진저Peter Schlesinger이고,
정장 차림의 인물은 호크니 자신. 그가 이별한 연인을 바라보는 장면이라는 해석이 있다.

이프가 아니다'라는 선언은 그림과 사물 사이에 고정된 질서를 지워 버린다. 그것은 '그림'을 이미지의 종속에서 해방시키는 동시에, 강제된 상징의 폭력으로부터도 이탈시킨다.

백남준Nam June Paik과 요셉 보이스Joseph Beuys는 파괴를 통해 지운다. 피아노를 부수고, 바이올린에 끈을 매 강아지처럼 질질 끌고 가는 퍼포먼스는 '질서에 사로잡힌 의미'의 종말을 선언한다. 예술은 더 이상 감상의 대상이 아니며, 개연성으로 조직한 연극도 아니다. 그 파괴는 기호를 지우고, 의미를 지우며, 마침내 공백이 도래하게 한다.

지워진 것에서 느끼는 것

에드워드 호퍼, 〈밤샘하는 사람들Nighthawks〉, 1942
그림 속에는 서로에게 무심한 남녀와 뒷모습을 보이고 있는 남자 손님, 그리고 제 할일을 하고 있는 바텐더가 있다. 이들은 마치 밤에 활동하는 '나이토크Nighthawks'처럼 도시의 어둠 속에 모두 홀로 존재한다.

르네 마그리트, 〈골콘다Golconda〉, 1953
이것은 서울스퀘어 건물 외벽에 투영된 작품이다.

두안 한슨Duane Hanson의 조각 작품이 전시된 공간에 들어서면, 어느 것이 조각이고 어느 것이 사람인지 순간적으로 구분할 수 없게 된다. 때로는 관객 자신이 작품의 일부가 된 듯한 착각마저 든다. 의자 위에 앉아 쉬고 있는 사람을 보면서 그가 조각이라는 것을 깨닫는 순간적 충격은 단순한 시각적 트릭을 넘어선다. 관객은 현실과 재현 사이의 경계가 무너진 지점에서 감각의 혼란을 경험하게 된다. 이때 작가와 관객 모두는 '성공'한다. 의미의 붕괴가 실재의 공백을 드러내는 바로 그 자리에서.

하이퍼 리얼리티. 여기서 '하이퍼Hyper'란 '과도함'만을 의미하는 것이 아니다. 리얼리티를 초과하는 어떤 상태를 가리킨다. 정확히 말하자면, 그의 작품은 사실성을 충실히 재현하면서도, 오히려 그것을 넘어서 감각과 의미의 붕괴를 유도한다. 현실의 과잉은 결국 현실의 붕괴로 이어진다. 그는 리얼리티를 증폭시킴으로써 우리가 익숙하게 믿어 온 인식 체계를 지운다. 지워진 감각의 자리에 남는 것은 '낯섦'이며, 바로 이 낯선 것이 공백을 출현시킨다.

리처드 에스테스Richard Estes 역시 매우 정밀하게 사물을 그려 낸다. 그의 도시 풍경은 마치 정밀한 사진처럼 보이지만, 실제로는 인간의 시선과는 전혀 다른 각도와 구성으로 설계된 것이다. 특히 유리창에 비친 복잡한 반사와 뒤얽힌 구조물들은 현실보다 더 정밀한 방식으로 현실을 '어긋나게' 만든다. 이로써 익숙한 도시 풍경은 낯설게 탈구脫臼되고, 보는 이의 감각은 어지러워진다. 에스테스는 '사

백남준과 요셉 보이스, 퍼포먼스 작품인 〈존 케이지에게 바치는 오마주 Homage to John Cage〉, 1960

두안 한슨. 오른쪽의 인물이 두안 한슨이고, 왼쪽에 있는 인물은 그가 만든 조각상이다.

실을 통해 사실을 지우는' 역설적인 방식으로 우리를 시각적 공백의 순간으로 유도한다.

척 클로스Chuck Close는 하이퍼 리얼리즘의 또 다른 경로를 보여 준다. 그는 초기에는 사진처럼 정밀한 인물화를 그렸지만, 말년에는 병으로 인해 시력이 급격히 저하되면서 새로운 방식의 회화를 모색한다. 그의 후기 작업은 마치 픽셀처럼 분절된 색점들로 구성되어, 가까이서 보면 추상화처럼 보이고, 멀리서 보면 인물의 얼굴이 떠오른다. 그는 '보는 방식'을 해체하고 다시 조립하는 실험을 통해 시각 자체를 낯설게 만든다. 이때 픽셀은 실재를 과장해 구성하는 하이퍼리얼리티의 기호이다. 인간의 얼굴조차 인식 불가능한 상태로 해체되

리처드 에스테스, 〈다운타운, 브로드웨이 근처Downtown, Near Broadway〉, 2003

척 클로스. 이미지는 수백 개의 정사각형 셀로 나뉘어 있으며,
각 셀마다 독립적인 색상 조합과 형태가 존재한다.
이 작품은 샌프란시스코 현대 미술관SFMOMA에 소장되어 있는,
2000년대 이후 제작된 자화상 시리즈 중 하나이다.

며, 그 공백 속에서 새로운 의미의 가능성이 출현한다. 이처럼 하이퍼 리얼리즘의 작가들은 사실성을 극한까지 밀어붙이는 방식으로 사실을 해체한다.

이들의 '지움'은 단순한 삭제나 파괴가 아니다. 그것은 감각의 좌표를 교란하고 지각의 관습을 붕괴시킨다. 익숙한 세계의 표면을 균열내기 위해 미세하게 개입한다. 현실을 지나치게 선명히 보여줌으로써 오히려 현실이 견디지 못할 정도로 낯설어지는 이 지점, 여기에 나타나는 '무無'는 결핍이나 부재가 아니라, 과잉 속에서 드러나는 공백이다. 어떤 응시도 그 안을 꿰뚫지 못하게 되는 자리에서 세계는 더 이상 상징적 질서 안에 놓이지 않으며, 이미지도 더 이상 재현의 도구가 되지 않는다.

그렇게 무엇인가가 사라졌는데도 여전히 남아 있는 것, 이것이 바로 그대와 내가 만나게 되는 공백이다. 그것은 시선이 미끄러지는 장소이자, 의미가 머뭇거리는 경계의 틈이다. 이제 우리는 그 부재를 응시하는 방식, '존재하는 무엇'이 아니라 '도래할 무엇인가'를 준비하는 픽션으로 향하게 된다.

지운 자리에 귀환한 '실재'

지중미술관의 자연광 조명 속에 모네의 '수련'과 마주 섰을 때, 내가 만난 것은 무엇인가. 익숙한 언어의 세계에서 벗어나 다른 감각이

깨어나는 시간이었다. 그 텅 빈 것과 만났을 때, 우리 안의 '실재'가 그림자처럼 움직인다. 보이지만 별로 식별할 것이 없는 그 장막 앞에 선 우리 안으로 말로 설명할 수 없는 무엇인가가 조용히 흘러든다. 그것은 이미지가 불러 온 회상이 아니다.

할 포스터는 〈실재의 귀환〉에서 현대 예술이 보여 주는 이 낯선 충격을 가리켜 '예술이 실재를 소환하고 있는 것'이라고 말하고 있다. 억압되어 있던 고통과 부정되었던 진실, 말해지지 않았던 역사… 그것들이 어떤 이미지도 없이 '비어 있는 자리'를 통해 다시 돌아온다. 작품이 비워 놓은 공백이 비가시적인 고통을 소환하는 문이 되는 것이다.

'설명하지 않음'으로써 말한다는 것은, 제욱시스의 포도처럼 보는 이의 감각을 속이는 정밀함이 아니라, 파라시오스의 커튼처럼 아무것도 보여주지 않음으로써 그 이면을 드러내는 것이다. 커튼은 단순한 장식이 아니라, 시선을 멈추게 하고, 그 멈춤 속에서 무언가를 느끼게 만들었다. 20세기의 많은 화가들도 재현에 저항했고, 자신의 화폭에서 의미를 지워 나갔다. 붓질은 서사에서 벗어났고 색채는 상징에서 해방되었다.

그것은 단순한 추상의 시대가 아니라, '재현의 해체'를 통해 진리의 가능성을 되묻는 시도였다. 말로 설명할 수 있는 것은 진리가 아니라는 믿음, 혹은 절망. 그래서 그들은 말보다 침묵을, 이미지보다 공백을 선택했다. 결국 그들이 우리에게 보여주려 한 것은 어떤 형태가 아니라, 그 형태의 붕괴 속에서만 출현할 수 있는 진실이었다. 그것은 정면에서 보이지 않고, 다만 비껴서 도달할 수 있는 것. 그대와 내가 그림 앞에 멈춰 섰을 때 그 침묵 속에서 그렇게 진실은 마침내 귀환한다.

'언어로 설명할 수 있다면 내가 왜 그리겠는가.' 프랜시스 베이컨의 이 말은, 예술은 말로 닿을 수 없는 것, 실재의 차원에 접근하려는 시도임을 의미한다. 1937년, 스페인 내전 중 독일과 이탈리아의 공습으로 바스크 지방의 작은 마을 게르니카는 처참하게 파괴되었다. 그 참혹함을 담아 낼 수 있는 언어는 어디에도 존재하지 않았다. 세상은 말을 잃었다. 설명할 수 없었던 이 사건을 재현하는 기술로는 담아 낼 수 없었다. 그리하여 파블로 피카소 Pablo Picasso는 〈게르니카 Guernica〉에 그 고통의 정서와 파괴의 실재를 추상적이고 왜곡된 형상들로 기록했다. 〈게르니카〉는 아름다운 작품이 아니다. 마찬가지로 그다음 해에 그려진 〈여인의 눈물〉도 역시 아름다움과 거리가 멀다. 20세기 예술가들이 더 이상 아름다움을 추구하지 않게 된 것, 그것은 단지 양식의 변화가 아니라, 예술의 본질에 대한 질문에서 비롯된 전환이었다.

전람회에서 아름답지 않은 것을 마주할 때 당혹감을 느낀다. 불쾌하고 난해하며, 심지어 거북한 감정을 일으키는 작품들, 그것들은 무엇을 위한 것인가. 그들이 추구한 것은 '진실'이었다. 그런데 그 진

파블로 피카소, 〈게르니카〉, 1937
현대 전쟁이 남긴 인간의 파괴와 고통의 총체적 이미지이다.

실은 어디에 있는가. 그려진 것, 선명하게 보이는 것 바깥에 있거나 안쪽에 숨겨져 있다. '지운다'는 것은 단순히 공백을 남긴다는 뜻이 아니다. 그것은 구체적으로 사실성을 구성하는 장치들, 원근법과 명암, 감각적 묘사와 심리적 서사를 해체하는 방식으로 이루어진다. 재현이나 개연성의 핵심은 언제나 '그럴듯함'이었다. 그런데 예술가들은 바로 그 사실성이라는 장치 자체를 붕괴시킨다. 개연성을 이루는 인과관계를 허문다. 리얼리티의 구조를 해체함으로써 오히려 가려져 있던 실재를 열어 젖힌다.

지운다. 알 수 없게 만든다. 그것은 혼란을 주기 위한 것이 아니다.

오히려 의미가 사라진 자리에서 우리가 진리를 '경험'하게 하기 위한 것이다. 설명될 수 있는 것은 진리가 아니라 정보다. 예술은 그 정보를 파괴함으로써, 그 너머의 실재가 솟아오르도록 공백을 연다. 이러한 방식으로 우리는 예술 앞에서 새로운 질문을 갖게 된다. 그것은 '무엇을 보았는가'가 아니라, '이 공백 속에서 무엇이 나에게 출현했는가'라는 질문이다.

결국, 예술은 사실성을 제거하는 작업을 통해 진리를 은폐하고 있던 커튼을 찢는다. 우리가 시선을 돌렸던 고통과 공포, 진실의 단면을 다시 현재로 소환한다. 이것이 진정 예술이 도달하고자 한 '진리'의 자리이고, 창작 윤리였다.

4
호모 픽토르

법열의 순간들
내던져진 존재 – 픽션의 창조자

HOMO
FICTOR

법열의 순간들

감각을 증폭시키는 결핍

프랜시스 베이컨은 들뢰즈가 말한 '결핍의 탐닉'이라는 개념을 가장 극단적이면서도 상징적으로 구현한 예술가이다. 라캉은 욕망을 결핍에서 비롯된 것이라고 보았지만, 들뢰즈는 결핍 그 자체를 운동성을 가진 생산적 힘으로 보았다. 우리 심장이 욕망으로 작동하지 않는 것과 같은 이치이다. 베이컨의 그림은 물론이고 그의 삶 자체가 결핍으로 일관된 조건 속에서 펼쳐졌다. 이 결핍은 단순히 무언가가 결여되어 있다는 수동적인 상태가 아니다. 베이컨의 결핍이 가진 자동성에 의해 '감각 이전의 감각', '신경계에 직접 꽂히는 이미지'가 그의 화폭에서 창조된다. 결핍의 서사가 곧 그 자신이었다. 결핍이 곧 그의 신체였다.

'그림은 감각을 표현하는 것이 아니라, 감각 자체를 생산한다'. 이 말에서 알 수 있는 것은, 베이컨의 그림이 어떤 정서를 묘사하고 있는 것이 아니라, 감각 그 자체, '보는 자의 신경계를 직접 자극하는 힘'을 가졌다는 뜻이다. 이것은 인물의 왜곡이나 배경의 공백을 통해 감각을 증폭시키는 방식이다. '베이컨의 그림에는 재현이 없다. 대신 이러한 방식으로 '비감각적 감각'을 만든다'. 비감각적 감각이라는 말을 이해하기 쉽지 않지만, 이 책에서 이와 비슷한 언어 구조를 이미 경험한 그대는 이제 그것이 어떤 것인지 느낄 수 있을 것이다. 여기서 들뢰즈는 베이컨의 이미지가 형태나 이야기를 말하지 않고, 힘 그 자체로서 신경계를 자극한다고 설명한다. 이 힘은 비어 있고 결핍된 공간에서 온다. 베이컨은 바로 이 공백과 비명, 그리고 고깃덩이 같은 이미지로 기표의 질서를 뚫고 나가 실재에 직접 접속한다.

그의 대표작 중 하나인 〈비명을 지르는 교황Screaming Pope〉 시리즈는 바로 이 '결핍을 통해 실재에 도달' 하는 것을 압축적으로 보여 준다. '나는 공포를 그리는 대신 비명을 그리는 법을 배웠다'. 베이컨의 인터뷰에서 이 글을 읽었을 때, 뭉크가 떠올랐다. 〈절규〉 역시 묘사된 공포가 아니다. 몸 그 자체가 '절규'였다.

미술사학자 로버트 로젠블럼Robert Rosenblum은 베이컨의 〈비명을 지르는 교황-Head VI〉과 뭉크의 〈절규The Scream〉, 이 두 작품을 20세기 표현주의 방식의 '비명의 아이콘'으로 부른다. 〈비명을 지르는 교황〉은 원작인 벨라스케스Diego Velázquez의 고전적 초상의 형식을 해체하고 뒤집어 권위와 성스러움의 상징을 무너뜨린다. '절규는 결코 입에서 나오지 않는다. 그림 전체에서 진동한다'. 여기서 교황은 더 이상 위엄 있는 신의 대리인이 아니다. 고통 그 자체이자 터져 나

프랜시스 베이컨, 〈비명을 지르는 교황〉 연작 중 하나인
〈벨라스케스의 〈교황 인노첸시오 10세 초상〉을 바탕으로 한 연구〉, 1953
베이컨의 이 시리즈는 스페인 바로크 화가 디에고 벨라스케스의 1650년 작
〈교황 인노첸시오 10세의 초상화〉를 바탕으로 하고 있는데, 벨라스케스의 작품은
권위, 위엄, 고요한 위풍을 담은 가장 유명한 교황의 초상이다.

에드바르 뭉크, 〈절규〉.
서양 미술사에서 인간의 불안과 고통을 상징하는 아이콘으로 자리 잡은 그림이다.
〈절규〉는 한 점의 그림이 아니라, 뭉크가 여러 해에 걸쳐 유화, 템페라, 파스텔,
석판화 등 다양한 매체로 제작한 연작이다.

오는 통제 불가능한 비명이다. 그림 속 교황은 입을 벌려 비명을 지르지만 그 소리는 들리지 않는다. 그러나 우리는 청각의 범위 밖에서 괴성을 느낀다. 이 이미지는 어떤 중재적 상징도 없이 우리 감각의 가장 깊은 신경계에 도달한다.

들뢰즈는 프랜시스 베이컨의 회화를 설명하면서 '비감각적 감각'을 감각 이전의 감각이라고 설명한다. 이것은 의미 이전의 감각이고, 어떤 사유나 설명 안으로 포획되지 않는 원초적 감각이다. 베이컨은 이 비감각적 감각을 표현하기 위해 기존 회화의 방식을 사용하지 않았다. 인물을 그리되 '인물성'을 지우고, 대신에 몸 자체가 비명인 인물을 보여준다. 이러한 비명, 이러한 형상은 분석과 해석에서 나오는 '의미'를 통과하지 않는다. 그것은 매개 없이 오직 이미지 자체로서 신경계를 자극한다.

이때 베이컨이 의도한 것은 교황에 대한 모독이 아니다. 온갖 권위로 뒤덮인 형상을 가장 나약한 인간으로 만들어 '권위'라는 서사의 밑바닥에 도사린 실재, 존재의 벌거벗은 비명을 보여 주려는 것이다. 권위라는 허구적 서사의 껍데기를 벗겨 내는 것으로, 그 밑에 도사린 존재의 맨얼굴, 벌거벗은 실재를 드러낸다. 그는 분석도 상징도 없는 카오스에 진입한다. 혼돈 속에서 느껴지는 것은 일종의 엑스터시다. 실제로 베이컨의 작업실은 말 그대로 쓰레기와 오브제, 잘린 캔버스들로 가득한 혼돈의 공간이었다. '나는 질서 안에서는 일할

프랜시스 베이컨의 작업실. 1961년부터 1992년 사망할 때까지 작업했던 런던 7 Reece Mews에 위치한 그의 스튜디오. 그가 죽은 뒤 이 스튜디오는 1998년에 아일랜드 더블린에 있는 휴 레인 갤러리로 이전 복원되어 현재는 대중에게 공개되어 있다.

수가 없다. 내게는 무질서가 필요하다'. 그에게 영감을 주는 것은 카오스였다. 그의 작업실에는 수백 개의 사진과 잡지 스크랩, 파손된 유화 조각들로 가득했다. 그는 단 한 번도 그것을 정리한 적이 없었다. 그곳은 베이컨의 내면 구조와 흡사했다. 스튜디오에 초대해 함께 일한 예술가의 그림 속에 베이컨의 이러한 파편들이 남아 있다. 혼돈은 그의 무의식적 자극의 원천이었다.

프랜시스 베이컨의 고립된 우주

프랜시스 베이컨의 생애도 하나의 결핍의 구조물이었다. 그 결핍의 주변에는 언제나 파편화된 인간들이 있었다. 그의 아버지는 말 조련사이자 퇴역 장교였다. 그는 마굿간의 소년들에게 채찍으로 때리게 할 정도로 베이컨에게 매우 폭력적인 인물이었다. 그에게 모성을 주었던 유모 제시 라이트풋은, 베이컨이 가출한 이후 계속 함께 지낸다. 베이컨이 런던으로 이주할 때도 함께했고, 그가 경제적으로 어려움을 겪을 때는 생계를 돕기도 했다. 그녀는 식료품을 훔쳤고, 불법 룰렛 파티를 조직해서 돈을 벌기도 했다.

그녀는 그의 일상을 보살폈지만, 동시에 삶의 가장 어두운 면에서도 함께했다. 동성애자였던 베이컨은 1929년 런던의 유력 일간지에 '신사의 동반자가 되어드립니다'라는 광고를 낸다. 그리고 유모 라이트풋은 지원자들 중 돈 될 남자들을 고르는 일을 했다. '그녀는 나에게 모성을 주었지만, 그것은 충격과 사랑이 뒤섞인 형태였다'는 언급은 베이컨이 유모에 대해 느꼈던 복합적인 감정을 표현한 것이다. 그녀는 그의 삶에서 보호자이자 공범이었다.

첫 번째 동성 연인이었던 피터 레이시는 아버지의 그림자였다. 군인 출신이었던 레이시는 권위적이면서 극단적으로 폭력적인 남자였다. 그는 술에 취해 베이컨을 창밖으로 집어 던졌다. 그 후 망가진 베이컨의 모습은 그의 작품으로 기록되었다. 레이시는 그의 인생에서 '가장 위대한 사랑이자 동시에 재앙'이었다. 두 번째 연인 조지 다이어는 런던 이스트엔드 출신의 무직자이자 좀도둑이었다. 그와의 첫 만남은 그의 화실을 털러 들어왔다가 이루어졌다. 당시 베이컨은 이미 국제적인 명성을 얻은 상태였고, 다이어는 베이컨보다 스물다섯 살이나 어렸다. 그러나 베이컨은 다이어의 이 불안정한 정신의 균열에 빠져들었다. 다이어는 늘 불안했고 알코올과 약물 중독에 시달렸다. 그는 1971년 베이컨의 파리 회고전 개막 전날, 호텔 욕실에서 술에 탄 약을 마시고 스스로 목숨을 끊었다. 베이컨은 그 후 다이어의 죽음을 반복적으로 그림에 담았다. 죽음은 그에게 있어 비극이 아니라 결핍의 또 다른 형식이었다.

세 번째 동반자였던 존 에드워드는 이전의 두 인물과 달랐다. 그는 폭력도, 자해도 하지 않았으며, 베이컨에게 평온한 우정의 대상이었다. 이 관계를 주목하게 된 것은 에드워드와 베이컨의 관계가 부자 관계로 묘사되었다는 점이었다. 에드워드는 인터뷰에서 '우리는 부자 관계 같았다'라고 회상했다. 나이로는 베이컨이 에드워드의 아버지 뻘이었지만, 정서적으로는 애정을 갈구하는 아들이었고, 에드워드는 공백을 메꿔 주는 '아버지'의 존재였다.
  그의 어떤 모습이 이전의 연인들과는 다르게 따뜻한 관계가 되게 했을까, 알 수 없지만, 이 관계에서 베이컨이 자신에게 무자비한 폭력을 가했던 유년의 아버지를 사랑했었다고 고백한 점이 돋보인다. 놀랍게도 그것은 그에게 학대의 기억이 아니라, 폭력적 방식으로 베푼 사랑으로 각인되어 있었다. 그에게 사랑은 폭력과 결속된 기호이다. 이 고백에 의미가 있다고 보았다. 바로 그 지점에서 나는 그의 예술 세계와 삶을 작동시켰던 결핍의 성지를 보았다.

베이컨은 1930년대 초, 피카소의 영향을 받은 추상적이고 아름다운 작품들을 제작했다. 그러나 그는 이 초기 작품 대부분을 부수어 버렸다. 그는 자신의 예술적 유산에서 왜 아름다움을 지웠을까. 그 것은 공포와 결핍, 실재에 도달하기 위한 그의 고유한 경로가 아름다움이 아니라 침묵과 고통 속에 있다고 생각했기 때문이었을 것이다.

죄의식을 자극하는 방식

우리의 식욕이 가장 강렬하게 탐닉하는 것이 바로 고기이다. 투 플러스 한우, 그 붉고 정밀한 마블링은 정말이지 매혹적이다. 혀에 닿는 살의 감촉, 입 안 가득 퍼지는 지방의 향미. 그러나 이 모든 쾌락의 절정 뒤에 도사리고 있는 것은 죽음이다. 이 아름다움은 생명이 도살당한 결과라는 사실 위에 놓여져 있다. 우리는 고기를 욕망하지만, 그 욕망은 반드시 타자의 죽음을 전제로 성취된다.

'내 그림이 폭력적인 것이 아니라 우리 삶이 폭력적이다. 아름다운 풍경 속에서도, 나무 아래에서는 곤충들이 서로를 먹고 있다. 폭력은 삶의 일부이다'. 프랜시스 베이컨은 자신이 작품에서 '공포'를 다루었다는 해석을 거부했다. 그는 우리 삶에 깃들어 있는 폭력적인 사실을 그대로 드러낸 것이다. 베이컨의 작품이 폭력적이 아니라 우리의 삶 자체가 그냥 '폭력'이다. 그리하여 그의 작품에서 느끼게 되는 이 공포는 누구 때문이 아닌, 그냥 우리 몫으로 수용할 수밖에 없게 됨으로써 더욱 강렬해진다. '우리는 고기다. 우리는 잠재적인 시체다. 정육점에 들어가면 항상 내가 거기에 그 동물 대신 걸려 있을 수도 있다는 생각이 든다.' '우리는 비명과 함께 태어난다. 우리는 삶으로 들어오면서 비명을 지르고, 어쩌면 사랑은 삶에 대한 공포와 죽음에 대한 공포 사이의 얇은 베일일지도 모른다.'

그의 작품에서 반복적으로 등장하는 '비명'은 인간 존재의 고통과 공포를 상징하며, 특히 '교황 인노첸시오 10세 초상'과 같은 작품에서 두드러진다. '정육점에 들어가서 고깃덩이가 얼마나 아름다운지 살피고 그것에 대해 생각하다 보면, 다른 생명을 잡아먹고 사는 삶에 깃든 그 절실한 공포에 대해 생각할 수 있'게 되는 것이다. 그것은 인간의 삶에 구조적으로 내재된 '살아 있다는 것 자체'가 타자의 죽음을 필요로 한다는 잔혹한 윤리를 직시하게 만든다.

바로 이 지점에서 우리의 욕망은 기괴해지고, 기괴함은 곧 공포로 이어진다. 싱싱한 투 플러스 한우 고기의 아름다움은 조금 전 그것이 생명을 끝냄으로써 우리가 얻은 것이다. 거기에서 우리의 본색과 만나게 된다. 그 적나라한 조우에서 탐닉과 폭력이 하나로 맞물리는 기묘한 공포와 함께하게 되는 것이다. 베이컨은 그 공포를 그림으로 그렸다. 그것은 우리가 도달하고 싶지 않지만 반드시 마주쳐야 하는 질문, '나는 어떤 방식으로 생명을 착취하고 있는가'이다. 그리고 거기에는 죄의식이 그림자처럼 따라붙는다. 생명이 있는 것을 죽이지 않고 음식을 얻을 수 있는가. 이 질문은 우리 존재의 가장 근원적인 결핍을 찌른다. 그리고 거기서 솟구치는 것은 미학이 아니라 죄

프랜시스 베이컨, 〈고기와 함께한 인물Figure with Meat〉, 1954
고기는 살아 있는 피조물의 죽음을 적나라하게 드러내며,
고통과 성스러움 사이의 경계를 파괴한다.

의식, 그리고 그것을 외면할 수 없다는 것이 주는 공포다.

우리가 입에 넣는 모든 것은 얼마 전까지 자신의 생명을 가지고 살아 있었다. 한 톨의 쌀조차도 살아 있던 씨앗이다. 그것은 인간이 짊어진 비가역적인 죄의식의 근원이다. 정말이지 도리가 없는 죄의식이다. 하지만 우리의 이 '죄의식의 서사'가 행사하는 폭력적인 권위는 끝내 무자비하다. 그대는 문어를 좋아했다. 가게에서 포장된 문어를 사와 즐겨 먹었다. 그러다 어느 날 TV에서 한 생물학자가 하는 말을 듣는다. 문어와 낙지 같은 두족류가 조리될 때 극심한 고통을 느낀다는 이야기였다. 이런 경우 생물학자의 이야기는 매우 정련된 설득력을 가진다.

그날 이후 그 이야기는 그대에게 서서히 내면화된다. 그리고 어느 날부터는 매우 자극적으로 작동하기 시작한다. 그 말을 한 사람이 신뢰하지 않을 수 없는 생물학자라는 점과 그대의 기억에서 소환된 두족류의 그 독특한 생김새는, 그대를 자극하기 시작한 이 서사에서 매우 설득력 있는 두 축이 된다. 그리하여 두족류는 그 독특한 생김새로 인해, 몸에 칼이 들어와도 통증을 느끼지 못한다는 일반적인 생선의 서사와는 정반대편 꼭지를 점유하게 된다. 그것을 지각하자 알 수 없는 통증은 그대에게 그대로 전이된다. 전이된 통증이 그대의 내면에서 움직이기 시작하면, 저녁 밥상에서 입안에 넣은 문어의 식감이 갑자기 낯설어지고, 결국 '내가 이런 것을 좋아할 리가 없다'는 사실에 도달하게 되는 것이다. 개연성은 이렇게 작동한다.

시작된 이야기는 여기서 멈추지 않는다. 그대 안에서 누군가가 더 깊은 질문을 하기 시작한다. 문어 말고 그대가 먹는 갑각류 그리고 돼지와 소… 어떤 생명은 고귀하고, 어떤 생명은 덜 귀한가. 개는 죽이면 안 되고, 돼지는 미련하니 괜찮은가. 시장에 내다 팔았던 소가 며칠 후 집으로 돌아왔다는 이야기에 이르면 우리의 서사는 다시 혼돈에 빠진다. 그대는 이 질문들 앞에서 진실로 자유로운가. 뇌가 없는 채소조차 생명을 지니고 있었다는 사실을 인정하는 순간, 식탁 앞에 앉은 우리는 더 이상 무결한 존재가 될 수 없다.

막다른 골목을 느끼게 되면 우리의 서사는 매우 전략적인 변신을 시작한다. 그리하여 돼지는 먹어도 되고, 돼지를 먹지 못한다면 소는 먹어도 되는, 네 발 달린 것은 안 되며 두 발 달린 조류는 괜찮다는 식의 서사가 탄생하게 된다. 아닌 줄 알면서도 우리는 그런 식으로 서열을 매기고 수정하기를 반복한다. 이렇게 사물을 분절하여 우리의 해석 안으로 포획한다.

하지만 이것으로 베이컨이 드러낸 죄의식의 깊이를 완전히 메우지는 못한다. 우리의 죄의식은 해결될 수 있는 것이 아니다. 오죽하면 그것을 '원죄'라고 했겠는가. 위에서 우리는 '에덴에서 '선악과-언어'를 얻은 대신, 말이라는 형식 속에 숨은 '섭리-말씀'을 잃어버렸다'는 얘기를 했었다. 원죄가 시작된 에덴을 떠올려 보면, 그 에덴이 우리가 '언어의 연옥'에 떨어졌던 생후 18개월 즈음과 매우 닮았다는 생각을 하게 될 것이다. 그 불가피한 원죄 앞에서 우리는 겨자씨처럼 작아져 아담처럼 숨는다. 이쯤 되면 지금 우리를 이나마 살게 하는 것은 '서사'가 아닐까, 생각을 하게 되는 것이다. 우리는 우리가 가진 이야기 덕분에 죄의식 속에서도 가끔은 투 플러스 한우의 아름다움과 다툴 수 있는 것은 아닐까. 서열을 매기고 수정하기를 반복하면서… 우리는 우리가 구축한 서사를 통해 죄의식의 담화를 극복하며 사는 것이다.

베이컨은 말한다. '우리는 스크린을 통해 살아간다. 사람들이 내 작품이 폭력적으로 보인다고 말하는 것은 어쩌면 내가 그 스크린 중 하나나 두 개를 제거했기 때문인지도 모른다'. 베이컨의 작품에서 공포를 느끼는 것은, 가리워져 있던 '파라시오스의 커튼'을 그가 벗겨 냈기 때문이다. 그 커튼의 안쪽에서 우리는 우리의 죄의식을 자극하는 '응시'와 만나게 되는 것이다. 우리가 지닌 죄의식은 원죄로서의 불가피성을 가졌다. 하지만 우리는 '서사의 베일'로 그것을 은폐해 온 것이다. 베이컨이 벗겨 낸 것은 바로 그 서사의 베일이다. 베일이 열린 그 틈에서 우리는 그동안 의식하지 못했던 '응시'와 만나게 된 것이다.

삶에 깃든 모든 공포

프랜시스 베이컨의 회화에서 우리가 마주하는 첫 번째 자극은 시각적 공포가 아니다. 위에서 이미 말했듯이, 그것은 훨씬 더 은밀하고도 즉각적인 방식으로 다가오는 죄의식의 자극이다. 베이컨은 이 죄의식의 서사를 교묘히 회화로 옮긴다. 그는 '상징'을 거치지 않는다. 상징이 없으니 '분석과 해석'이 불가능해진다. 언어와 질서 그리고 도덕과 이념의 프레임을 거치지 않고 직접 실재의 구멍을 드러내는 방식을 택한다. 실재란 결코 말로 포착되지 않는, 상징의 세계의 바깥에 있는 무엇인가이다. 그리고 그것은 고통과 죽음, 죄의식 같은 방식으로 우리의 의식에 침입한다. 베이컨은 이 실재를 형상화함으로써 우리에게 죄의식을 불러일으킨다. 그것은 논리가 아니라 감각의 차원에서 발생한다. 보는 순간 우리는 이미 빠져들었다.

그가 사용하는 이 '죄의식 자극'은 실로 원초적이다. 그렇게 느끼게 되는 것은 이것이 신앙적인 구조를 가졌기 때문이다. 그것은 이해 이전의 '응시'이다. 정육점의 고기를 보는 순간, 이 죄의식의 서사는 '실재'를 건드리는 방식으로, 〈에땅도네〉의 '응시'처럼 가혹하게 우리의 폐부를 찌른다. 죄의식의 방식은 이처럼 즉각적이다. 우리를 공포의 공백 상태에 이토록이나 빠르게 빠지게 하는 방법은 없을 것이다. 그것은 상징을 건너뛰어 직접 '실재의 구멍'을 보여주는 〈에땅도네〉의 방식이다.

죄의식의 막다른 골목으로 몰아넣으면, 그 막다른 골목에 갇힌 우리는 '방법이 없다'는 것을 실감한다. 그대와 나에게는 방법이 없다. 베이컨도 그리고 뒤샹도 그것을 알고 있었다. 그 점에서 베이컨의 포지션은 욥과도 같다. 욥 역시 논리적으로 막다른 골목에 서 있었다. 자신에게 온 고통이 하나님에게서 온 것인데, 그 이유를 알 수 없다는 절망의 지점에 서 있었던 것이다. 그가 선택할 수 있는 것은 단 두 가지였다. 그냥 죽거나, '이유나 알고' 죽거나.

이 죄의식은 윤리적 판단에서 오는 것이 아니다. 그것은 존재 자체에서 비롯된다. 죄의식은 결핍에서 오며, 그 실재와 마주한 자는 피할 수가 없다. 베이컨의 화폭 속 인물들은 그 결핍의 형상들이다. 우리는 죽음을 먹고 욕망하며, 아름다움을 즐기는 존재로서 어떻게 살아갈 수 있는가. 질문만 가득할 뿐 그는 어떤 답도 주지 않는다. 대신 공포가 마블링 된 붉은 고기를 우리 앞에 내려놓는다. 그는 어떤 구원의 암시도 없이 죄의식의 막다른 골목 안으로 우리를 밀어 넣었다. 등 떠미는 이 막무가내의 힘이 우리가 느낀 마지막 감각이었다. 떠밀려 들어간 그곳은 텅 빈 침묵의 세계다. 하지만 막다른 골목에 들어선 다음, 이 공백의 적막감 속에서 느끼게 되는 것은 이 죄의식 안에 누군가가 함께 있다는 것이다.

성역을 부수는 법

프랜시스 베이컨은 이 막다른 골목에서 같은 방법으로 죄의식의 성역을 부수는 방법을 제안한다. 역시 분석과 해석의 영역, 그 대타자의 성역을 부수는 방법이다. 부수는 방법으로 직접 신경계에 도달하기 위해 드리워진 '스크린을 제거'한다. 베일을 제거함으로써 그는 분석과 해석의 과정을 뛰어넘었다. 실재로 향하는 그의 길에는 '분석과 해석'이라는 매개가 없다. 우리는 진리의 세계에 도달하기 위해 반드시 분석과 이해의 과정을 지나야 했었다. 그런데 '신의 언어'를 번역해 인간에게 전달하고, 기도하는 '인간의 언어'를 받아 신에게 전달하는 매개가 사라진 것이다. 그 '분석과 해석'이라는 매개가 반드시 있어야 한다는 관성에서 보면 그 허전함이 적지 않을 것이다.

언어의 권력은 그 샤먼의 영역을 '성역'으로 선포한다. 그리고 그 성역에는 해석의 권능을 부여받은 존재, 샤먼이 주재한다. 이 성역은 단순한 장소가 아니라 해석의 권위가 신성화된 곳이다. 이곳은 누구나 들어갈 수 있는 세계가 아니다. 우리는 이 성역 앞에서 경건해지고, 동시에 두려움을 느낀다. 그 두려움은 외부 권력에 의해 강제된 것이 아니라, 우리 스스로가 만들어 낸 것이다. 그대가 로마의 거리를 걷다가 한여름 더위에 지쳐 한적한 길 어디선가 무심코 들어간 성당, 그 문턱을 넘는 순간 저절로 옷깃을 여미게 되는 것처럼⋯ 경건은 점차 죄의식을 동반하게 되고, 그 결핍은 우리를 더욱 깊은 샤먼의 질서 속으로 밀어 넣는다.

모든 종교는 이중 구조를 갖는다. 하나는 계명의 공간, 곧 제례와 율법의 영역이다. 이곳은 우리의 말과 행위를 법으로 지배하는 장소다. 성역에 들어가기 전, 우리는 스스로를 정결하게 해야 하고, 이를 위한 다양한 계율이 존재한다. 그리고 또 하나의 구조는 법열의 공간이다. 트랜스적 체험과 초월적 황홀이 일어나는 곳이다. 여기서 '법열法悅'은 문자 그대로의 '법의 기쁨'이 아니라, 법을 넘어서는 체험, 현실 너머의 감각과 조우하는 순간을 말한다. 이곳은 논리가 아닌 감응으로 작동하는 세계이다. 샤먼은 바로 이 전이의 문을 여는 존재다. 이 성역은 인간이 '실재' 혹은 '이데아'에 이르기 위해 반드시 통과해야 할 해석의 문지방이며, 그 문지방에 주재하는 샤먼은 해석의 권위를 바탕으로 경외의 감정과 죄의식을 통합해 하나의 질서를 구축한다. 그리고 이 질서야말로 우리가 속한 대타자의 세계가 얼마나 단단한 죄의식의 감각 위에 세워져 있는지를 보여준다.

그 제례의 영역에서는 우리가 제사를 지낸다. 예배를 드리는 곳이다. 거기는 우리의 언어가 통용되는 영역이다. 우리는 기도할 때 우리말로 기도하고, 제사를 드린다. 말씀도 우리의 말로 번역된 것을 듣고, 노래도 우리말로 부르며, 외는 경전의 경구들도 모두 우리말이다. 그런데 두 번째 영역, 이 초월적 영역은 우리의 언어가 통하지 않는 영역이다. 이곳에서 통하는 언어는 어떤 언어인가. 쓸모 있는 것을 겨우 찾자면, 그것은 '방언' 같은 것이다. 이 방언에서 기적이 일어난다. 그러니까 위에서 얘기했던 방식으로 말하자면 여기는 실재의 세계이다. 그런데 이 초월적 세계에 집중하는 종교들이 있다. 밀교다. 밀교에는 그 변형된 의식이 초월적 의식 상태에서 우리에게 직접 전이된다.

나는 이 법열 세계, 우리말이 통하지 않는 샤먼의 방언만이 통하는 이 영적인 세계를 부인하고 싶지 않다. 그것이 없는 우리의 정신 세계를 상상하고 싶지 않다. 예술적으로 얘기하자면, 그것은 고농도로 결핍이 응축된 은유의 세계이다. 그리고 우리는 이미 이 결핍과 은유를 이해하는 존재들이다. 좀 더 나아간다면, 우리는 이 은유의 세계 없이는 생존이 힘든 충동의 존재들이다. 이를테면 프랜시스 베이컨이 '분석과 해석'의 과정을 통하지 않고, 바로 실재에 도달할 수 있도록 했던 방식을 우리는 이미 이해하고 있었고, 우리의 삶은 이것과 절실히 결합해 있다. 우리는 결핍된 존재로서 이야기를 만들어가며, 새로운 이야기로 갈아타며 존재한다. 이렇게 우리가 삶을 존속해 갈 수 있는 것은, 진리라고 하는 혹은 신이라고 하는, 우리가 상상할 수 있는 가장 완전한 것을 가정할 수 있기 때문이다.

감각의 논리

들뢰즈는 『감각의 논리』에서 프랜시스 베이컨의 회화를 두고 '그는 감각을 조직하지 않는다. 감각이 스스로 조직되도록 한다'고 말한다. 이 말은 감각이 언어를 통하지 않고, 신경계에 직접 닿도록 유도된다는 뜻이었다. 베이컨의 인물들은 설명을 거부하듯 뒤틀리고, 배경은 공간적 일관성을 버린 채 연극 무대처럼 배치된다. 그것은 보는 이로 하여금 '이해'하기보다 '맞닥뜨리게' 만든다.

들뢰즈는 이 비해석적 충돌의 순간을 '감각의 도식'이라 부르며,

솟대는 하늘과 인간 세계를 연결하는 '신과의 통로'로 간주된다.
장대는 하늘로 솟는 기운, 새는 신의 대리자, 즉 소통의 매개체이다.

감각이 아직 의미를 띠기 전, 날것 그대로의 상태로 관람자를 자극한다고 말한다. 이때 감각은 메시지가 아니라 사건이다. 그것은 언어의 문턱 바깥에서 형체를 갖고, 주체의 내부를 통과한다. 해석은 나중 일이다. 베이컨의 그림은 설명을 기다리지 않는다. 들뢰즈는 바로 이 지점, 감각과 사유 사이에서 새로운 길이 열린다는 것을 말하고 있다.

　이것은 마치 꿈속에서 들리는 고함소리와 같다. 해몽을 시도하기 전에 이미 우리를 깨워 버리는, 신체에 선행하는 어떤 충격. 베이컨의 그림은 바로 그런 방식으로 작동한다. 말하자면 이것이 '샤먼 없이 실재에 도달하는' 방식이다. 이러한 방식은 실재를 대하는 윤리적 태도에도 변화를 요구한다. 더 이상 우리는 신을 매개하는 언어의 제의에 기대지 않는다. 베이컨은 붓질 하나로 성역을 찢어 냈다. 아르토Artaud의 연극처럼, 베이컨의 작업은 '해석 이전의 직면'을 우리에게 요구한다. 아르토가 '나는 나의 몸에서 신의 얼굴을 찢어 냈다'고 말했을 때, 그는 바로 샤먼 없이 신성에 도달하기를 선언하고 있었다. 이것은 신을 부정하는 것이 아니다. 그는 기표로서의 신을 거부한 것이다. 표현되지 않은 채 작동하는 예술, 해석되지 않은 채 신경계를 강타하는 감각, 그것이 들뢰즈가 말한 '감각의 논리'이며, 우리가 베이컨을 통해 마주하게 되는 실재의 방식이다. 샤먼 없이 도달하기. 그것은 결국, 실재를 특정한 계층의 해석자나 성역화된 담론으로부터 해방시키는 시도이다. 이것이야말로 예술이 실재에 닿는 유일한 방식이 아닐까. 말해지지 않는 것을 말하지 않은 채로 전달하려는 시도, 그것이야말로 지금 이 시대 예술이 품어야 할 윤리이다.

침묵하는 신

사도 바울이 아테네의 아레오바고 법정에서 말한 우상 비판이 떠올랐다. 수많은 신상의 이름들 사이, 그는 '알지 못하는 신에게'라는 표식을 보며 말한다. "우리는 그분 안에서 살고, 움직이며, 존재합니다. 여러분 시인 가운데 몇 사람도 '우리는 그의 자녀다'라고 말한 바와 같습니다." 이 말은 그저 하는 신앙 고백이 아니다. 바울은 인간과

신의 관계를 외부의 신상神像을 통해서가 아니라, 우리의 내적 역동 속에서 파악한다. 그는 금이나 돌에 새긴 신상에 대해 '하나님을 사람의 기술과 고안으로 조각한 형상과 같이 여기는 것은 잘못된 일'이라고 지적하고 있다. 바울은 모든 형상화된 '신의 이미지'를 거부한다. 이러한 바울의 선언은 이교도의 우상을 비판하기 위한 것이 아니다. 그는 인간이 종교적 감성과 철학적 사유로 구성한 모든 '신상'을 해체하고, '실재'로서의 하나님, 즉 인간 내면 깊숙이 관여하는 하나님을 호명해 낸다. 신은 밖에 있지 않다. '우리 안에서 살아 움직이며 존재'한다. 이 신은 언어로 개념화되거나 돌에 조형화될 수 없는 실재이며, 그 자체로 말과 형상 이전의 존재이다.

　신학자 칼 바르트Karl Barth는 다음과 같이 말함으로써 여기에서 좀 더 나아간다. '모든 종교는 우상 숭배다. 하나님을 찾고자 하는 인간의 시도는, 하나님을 인간이 도달할 수 있는 범주 안에 위치시키는 것이며, 이는 하나님을 가리는 베일일 뿐이다'─『교회 교의학』. 종교가 신을 향해 가 닿으려고 하는 모든 '시도' 자체가 본질적으로 오류에 빠진다는 인식이다. 인간의 철학적 분석이나 종교적 관념은 오히려 실재를 가리는 우상의 역할을 한다. 실재는 분석이나 해석을 통해 드러나는 것이 아니라, 언어와 사유가 침묵하는 틈에서 하나님이 스스로 개입하는 사건으로 드러난다.

　이러한 사유는 '성스러움은 표현하지 않음으로써, 오히려 지워짐으로써 보존된다-『남겨진 시간들』는 조르조 아감벤Giorgio Agamben의 언어 비판과도 깊이 닿아 있다. 형상화된 성스러움이 아닌, 말로 포착되지 않고 남아 있는 여백, 바로 그 지움의 자리에서 성스러움이 발생한다는 것이다. '실재'는 어떤 존재론적인 대상이나 종교적인 개념이 아니다. 그것은 오히려 우리가 말로 다 담을 수 없는 자리, 언어가 닿지 않는 틈에서 불쑥 끼어드는 어떤 것이다. 실재는 이름 붙일 수 없고, 부를 수도 없다. 다만 말이 멈추는 어느 순간, 설명할 수 없는 무엇인가로 우리 앞에 나타난다. 그래서 실재를 느끼기 위해서는 언어나 관념을 통해 접근할 수 없다. 그것은 해석이나 의미를 거치지 않고, 직접적으로 닿는 경험이어야 한다. 설명 없이도 온몸이 먼저 알아차리는 낯선 순간처럼, 실재는 어떤 중개도 없이 우리의 삶 속으로 파고든다. 그것은 마치 예상치 못한 충격처럼 다가와 익숙한 질서를 잠시 멈추게 한다.

이러한 관점에서 본다면, '샤먼 없이 도달하기'란, 실재에 도달하기 위해 필연적으로 거쳐야 했던 중간 단계인 분석과 해석, 그 상징화를 해체하고, 실재가 이르는 지점에 서서 그대로 맞이하겠다는 것이다. 이는 '상징 세계의 커튼 뒤에 존재하는 실재'를 더 이상 언어의 틀로 조작하지 않고, 직접 관여함으로써 체험하고자 하는 방식인 것이다. 샤먼이나 해석자의 말을 거치지 않고 실재를 직접 맞이하는 것. 그것은 언어가 지워지는 자리, 이미지가 철회되는 자리에서야 비로소 가능하다. 바울의 신은 본디 자리에 존재하며, 바르트의 하나님은 그 침묵 속에 계신다. 아감벤의 성스러움은 그 지움 속에서만 보존된다. 실재는 해석을 기다리는 의미가 아니라, 해석이 침묵하는 순간에만 비로소 도래한다.

신은 인간의 인식이 닿는 외적 대상이 아니라, 오히려 우리 안에서 '말씀으로 살아 움직이는 존재'이다. 바울이 말한 '금이나 은이나 돌에 새긴 것들'은 단지 물질이 아니라, 인간의 기호의 질서가 신을 고정시키려 할 때 생기는 '상징 우상'이다. 우상은 '대타자'의 자리에 자신이 만든 기표를 끼워 넣는 행위이다. 바울은 그 '알 수 없음'의 지점을 지나 실재로서의 신을 말하고 있다. 그것은 인간이 설명할 수 없는 사건, 곧 부활이라는 '불가능한 실제實際'에서 자신을 드러내는 존재이다. 바울에게 있어 우상은 인간이 만든 모든 신의 형상일 뿐 아니라, 인간 스스로가 신이 되려는 욕망의 징표이기도 하다. 우상은 흙이나 돌, 금과 은에 새기고 조성된 것들만이 아니다. 우리의 언어인 개연성의 힘으로 지어진 그 모든 것들 역시 우상이다.

그런데 '그것'이 '우상'이 아닐 재간이 우리에게 있는가. 우리의 시간이, 늘 해석이 침묵하는 시간, 그 법열의 구조 안에만 있을 수 없는데, 우리 일상의 삶이, 우리의 서사가, '언어'에, '우상'에 기대지 않을 도리가 있는가. 이것이 우리의 마지막 질문이다.

내던져진 존재 – 픽션의 창조자

그러므로 우리는 호모 픽토르

'인간은 이야기하는 존재다'. 월터 피셔Walter R. Fisher는 이 사실을 명료하게 간파했다. 그는 이 이야기하는 존재를 '호모 나란스Homo Narrans'라고 불렀다. 인간이 세계를 이해하고 타인을 설득하며 자신의 삶을 구성하는 가장 근본적인 방식이 '이야기Narrative'라는 것이다. 그의 말대로 인간은 이성의 논리를 따르기 이전에 이미 이야기의 구조 안에서 살고 있었다. 태어났을 때 우리는 이미 어떤 '이야기' 안에 존재해 있었으며, 그 이야기를 통해 사물을 이해하고 행동해 왔다.

그런데 현대 사회에 들어오면서 이 이야기 구조는 더욱 복잡한 형태로 확장되었다. 디지털 미디어, 드라마, 소설, 영화, 게임 등 셀 수 없이 많은 허구들이 현실과 뒤엉켜 들어오기 시작했다. 이로 인해 인간은 스스로 경험하지 않은 허구적 경험Fictional Experience에 더 깊이 몰입하게 되었고, 연구자들은 이제는 '호모 픽셔날리스Homo Fictionalis', 즉 허구 속에 살아가는 인간으로 설명하기 시작했다. 이 개념은 인간이 픽션을 소비하고, 그것에 감정이입하며, 그 허구를 통해 자기 정체성마저 구성하는 존재라는 것을 말한다. 우리가 현실만이 아니라, 현실처럼 감각되는 '비현실적인 이야기'를 통해서도 존재를 규정받게 되었다는 것이다.

'이야기하는 인간'과 '허구를 사는 인간'에 하나를 더하자면, 그것은 '이야기를 만드는 인간', 창조하는 인간이라는 개념이다. 그런 의미에서 이 책이 제안하는 이름이 '호모 픽토르Homo Fictor'이다. 서사는 이야기로 소비되기 이전에 '만들어진다'. '호모 픽토르'는 단순히 이야기를 하거나 허구에 몰입하는 인간을 넘어서, 새로운 이야기의 조건을 스스로 구성하고, 의미를 재구성하는 인간이다. 그는 타자의 담론을 가져오지만, 그 담론의 뼈대를 해체하고 새로 조립한다. 그는 상상력이라는 도구로 큐빅들을 선택하고 조합하는 존재이다. 그는 종합하는 능력으로 '있는 이야기'를 말하는 것이 아니라, '없던 이야기'를 탄생시킨다. 호모 픽토르는 모방에서 멈추지 않고 거기에서 더 나아가 새로운 세계를 상상하는 인간이다.

꾸며 낸 진실

폴 리쾨르Paul Ricœur는 자아란 결코 고정된 실체가 아니라, 시간 속에서 경험과 기억이 직조하는 서사적 구조를 가졌다고 말한다. 인간은 '자신의 시간 속에 있는 타자의 이야기를 통해 자신을 이해하게 되는 존재'라는 것이다. 우리의 자아가 이러한 이야기를 통해 지속성과 변화를 동시에 담고 있는 정체성의 형식을 가졌다고 본 것이다. 우리는 서사를 통해서만 우리 자신을 '동일한 나'로 인식할 수 있다. 그리고 이 인식은 언제나 불완전하고 개방된 구조이다. 새로운 사건으로 인해 이야기는 언제든 변화할 수 있다는 뜻이다.

이런 관점에서 보면, 인간 존재는 단지 실재의 반영이 아니라, 실재의 모방과 창조 사이에 위치한 동일체로 이해된다. 우리는 언어와 기억으로 자아를 구성하면서, 설명할 수 없는 실재를 끊임없이 흉내 내고 있는 것이다. 그러나 예고했듯이 이 모방은 항상 실패한다. 실재는 말로 포획할 수 없고, 기억은 항상 불완전하며, 이야기에는 필연적으로 혹은 운명적으로 생략과 왜곡이 따르기 때문이다. 그렇기에 '서사적 정체성'이란 본질에 닿으려는 시도인 동시에 그 본질이 '거기에 없음'을 용인하는 '창조적 허구'이다.

우리들의 이 서사를 쓸모없는 거짓이라고 말하고 싶지 않다. 리쾨르는 바로 이 지점에서 자아를 '꾸며 낸 진실'로 이해한다. 자아가 진실을 말할 수 없다 해도 쓸모없는 허구는 아니라는 뜻이다. 우리는 꾸며 낸 이야기 속에서만 의미를 갖게 되는 숙명을 가졌다. 이때 '이야기'란 단지 나를 설명하는 틀을 넘어서, 나를 살게 하는 힘이자 존재의 형태가 된다. 나는 내가 꾸며 낸 이야기를 통해 나 자신이 되고, 그 이야기 속에서 나를 기억하고, 상상하며 갱신한다.

야훼의 '나는 나다'의 말해지지 않은 것, 어떤 개념에 도달하지 못하는 순환 구조는 인간의 서사 정체성 구조와 겹친다. '나는 나다'라는 말은 마치 '나는 누구인가'라는 질문에 끝없이 되묻는 방식으로 작동한다. 우리는 '실재'를 묻고 싶지만, 그에 대한 직접적인 대답이 불가능하기 때문에 오직 이야기를 통해 그것을 보듬고 말할 뿐이다. 이 서사의 반복 속에서 우리는 자신이 누구인지를 정리하고, 누구일 수 있을지를 모색하며, 누구인 척하며 살아간다. 결국 자아란 말해질 수 없는 실재의 자리에 서사로 응답하는 존재인 것이다. 우리는 실재의 자아를 알 수 없지만, 그것을 모방하려는 충동 속에서 끊임없이 자신을 만들어 간다.

이 창조는 '매우 문학적'이다. 그대는 부디 이 '매우'를 이해해 주시길 바란다. 문학은 모방의 충동을 작품으로 구현해 내는 장르인데, 우리의 내면 역시 그런 문학적 작업의 주체로서 기능한다는 것이다. 내가 누구인지를 알고자 하는 욕망은, 실은 내가 누구인지를 써 내려가는 서사의 욕망이다. 따라서 '나는 나다'라는 말은 단순한 동일성의 언표가 아니라, 말할 수 없음의 실재를 서사로 대체하려는 인간적 조건을 보여준다. 자아는 실체가 아니라 이야기된 자아이며, 이 이야기 속에서만 실재의 그림자를 감각할 수 있다. 그대와 나는 자신을 이야기하는 자이며, 이야기된 존재이고, 또 그 이야기를 계속 써 내려가는 창조적 동일체다. 우리는 픽션으로 기억된 존재, 말해질 수 없는 자아를 서사로 살아 내는 인간이다.

불가능한 자기서사에 대한 책임

자신을 이야기함으로써 존재를 구성하고, 낡은 이야기를 갈아타며 살아가는 호모 픽토르는 단순한 자아서사의 주체가 아니다. 우리는 언제나 타자의 언어로 자신을 말하는 존재이며, 진실과 허구, 기억과 망각, 자유와 타자의 욕망 사이에서 긴장하고 있는 존재이다. 이때 호모 픽토르의 윤리는, 진실을 말하려는 시도가 아니라 진실을 말할 수 없다는 조건 속에서 말을 해야 하는 책임 위에 놓여 있다.

'나는 나인가'라는 질문은 단순한 자아 인식의 문제가 아니다. 그것은 타자의 언어로 자신을 구성하는 존재가, 언젠가 그 언어의 균열을 인식하고 나서야 마주하게 되는 실존이다. 우리는 언제나 이미 존재하는 이야기, 사회가 승인한 정체성의 틀, 공감을 얻기 쉬운 서사의 양식에 기대어 '나'를 구성한다. 그리고 그것은 우리 자신이 말하고 있다고 믿는 순간에도, 사실상 타인의 욕망을 복제하는 언어적 행위이다.

결국, 호모 픽토르는 끊임없이 자기를 이야기하려 하지만, 그 반복은 자아를 규정하기보다는 파편화시킨다. 매번 새로운 '나'를 구성하지만, 그 '나'는 서사적 통일성으로 귀결되지 않고 오히려 흩어진다. 이것이 바로 실재와의 접촉 불능, 즉 진실의 공백에 닿지 못하고 증상의 반복 속에 머무는 주체의 숙명이다. 이때 윤리란 무엇인가. 단지 '무엇을 말할 것인가'의 문제가 아니라, '말할 수 없음을 끌어안으며 말하는 나의 존재를 어떻게 견디고 책임질 것인가'의 문제로 이행한다.

'주체는 언어 이전에 이미 분열되어 있으며, 욕망은 언제나 타자의 욕망에 의존한다'. 이것은, 내가 나를 말할 때 사용하는 언어가 결코 순수하게 '내 것'일 수 없다는 의미이다. 그대와 내가 믿는 자아의 서사는 자율적 선택의 결과가 아니라, 알지 못한 채 받아들인 언어적 틀과 기대의 연쇄 위에서 이루어진다. 말하자면, 자아는 하나의 창작물이되, 그 창작물은 근본적으로 표절을 전제로 한다. 이때 자기 서사의 윤리는 자기를 진실하게 드러내는 방식이 아니라, 자신이 결코 온전히 진실에 도달할 수 없다는 불가능성을 감당하는 태도에 있다. 호모 픽토르는 바로 그 지점에서 서사의 윤리를 묻는다. 타자의 말투, 타자의 이야기, 타자의 기대로 짜여진 자신의 이야기 속에서 그는 자기 자신을 기만하고 있다는 사실을 이미 알고 있다.

영화 〈버드맨〉의 마이크가 톰슨의 서사인 '레이먼드 커버의 칭찬'을 훔쳐 자신의 서사로 사용했던 것에 대해 이야기했었다. 마찬가지로 오늘날 우리는 SNS에서 유행하는 타인의 양식을 자신의 서사로 끌어들인다. 통째로 베껴 오지는 않더라도 이미지를 차용하는 일은 흔히 벌어지는 일이다. 그 서사가 진실한가. 이것은 타인의 욕망을 무의식적으로 반복하는 흉내이다. 이것은 누구나 하고 있는 것이어서 탓하고자 하는 말이 아니다. 서사적 정체성의 표절은 이렇게 무시로 벌어진다는 것을 말하고 싶은 것이다. 그러므로 윤리란 '무엇을 말하는가'의 문제가 아니다. 그것은 '말할 수 없음' 속에서도 여전히 말하려고 하는, 그리고 말의 허구성과 한계를 견디는 존재의 태도다.

호모 픽토르의 윤리는 자기서사를 완성하는 것이 아니라, 완성 불가능한 이야기 속에서도 끝내 말하는 존재로 살아가는 것이다. 그는 진실이 조각나 있다는 사실을 알면서도 진실에 수렴되지 않는 조각들, 하나의 이름으로 묶이지 않는 자아의 편린들 속에서도 포기하지 않고 살아가는 것이다. 이러한 태도는 서사를 가진 인간이 감당해야 할 가장 깊은 고백이다. 진실이 언어의 바깥에 있다는 사실을 알면서도, 우리는 언어로 진실에 다가서기를 멈추지 않는다. 그것은 실패를 감당하는 방식으로 사는 것이며, 그것이 바로 '타자의 언어로 살아 내는 자'의 윤리이다.

호모 픽토르의 윤리란, 진실을 완성하는 것이 아니라, 진실에 다가갈 수 없음의 조건을 살아 내는 태도이다. 그것은 완전한 자기서사를 믿지 않으면서도 여전히 말하는 것을 포기하지 않는 윤리이며, 결코 하나로 수렴되지 않는 자아의 조각들 속에서, 그 조각들이 말해 낸 진실의 편린들을 끝까지 감당하려는 태도이다. 이 윤리는 서사적 정체성을 가진 인간이 감당해야 할 가장 깊은 고백일 것이다.

무의식의 언어가 작동하고 있다는 것

우리의 일상은 언어적 방법으로 흘러갈 수밖에 없다. "엄마가 얘기 안 해도 잘 알지? 앞으로 너한테는 눈으로만 말할 거야"라고 할 수는 없다. 아마 그 아들은 며칠 후 집을 나갈 것이다. 눈으로만 말하는 어머니를 감당할 수 있는 아들은 세상에 존재하지 않는다. 우리는 일상에서 언어적 방법으로 살 수밖에 없다. 도리가 없는 삶이다. 그럼에도 불구하고 우리의 삶을 더 크게 지배하고 있는 것은 언어 밖에 있는 우리의 충동의 방식이다.

우리의 삶을 지배하고 있는 의식과 무의식의 비중은 수면 위의 얼음과 수면 아래의 빙하의 크기와 같다. 간과하는 것은, 우리가 온통 의식의 세계에 살고 있다고 믿지만, 사실 우리를 더 크게 지배하고 있는 것은 '충동'이라는 사실이다. 우리의 삶을 충동으로 이끌고 있는 것이 바로 이 무의식의 방식이다. 개연성의 방식, 현실 언어의 방식이 아니다.

현실세계에서는 말로 설명되지 않는 사랑은 언제나 오해로 끝난다. 세상에 눈빛만으로 이해되는 사랑은 없다. 그것이 우리 현실의 조건으로 주어진 언어적 방식이다. '배고파', '좋아해', '미안해' 같은 말들이 날마다 식탁 위를 오가며 우리의 삶을 이끌어 간다. 이것은 바로 '헛된 수다Gerede'이다. 피상적으로 정형화된 세상의 언어, 우리가 살아가기 위해 끊임없이 빌려 써야만 하는 주인 없이 떠도는 대사들이다.

그러나 그 아래에는 무의식의 언어가 작동하고 있다는 것을 말하고 싶다. 아들이 집을 나가는 진짜 이유는 어머니의 눈빛 때문이 아니다. 그는 어머니의 말이 아닌, 말 너머의 결핍, 말해지지 않는 어떤 욕망의 틈을 견디지 못했을 것이다. 우리는 그 언어를 통해 사고하고 느끼며, 사랑하고 슬퍼한다. "엄마가 얘기 안 해도 알지?"라는 말에는, '내가 말하지 않아도 너는 나의 감정을 이해해야 해'라는 무의식적 강제가 담겨 있다. 하지만 그것은 언어로는 전달되지 않는다. 왜냐하면 어머니의 그것 역시 말할 수 없는 어떤 결핍의 자리에서 왔기 때문이다. 언어의 부재가 만든 상처는 사랑하는 사람의 말에서 더 크게 온다.

우리의 언어는 진리에 도달하지 못하고, 진리는 항상 말 위에서 미끄러지며, 말해 진 순간 사라진다. 그러나 동시에 진리는 언어의 틈이나 실수와 꿈에서 파편적으로 드러난다. 그 파편들이 흘러나올 때, 우리는 그것을 '실재'라고 불렀다. 결국, 우리는 타자의 언어로 말하면서도, 그 언어의 결핍을 끌어안고 살아가는 존재이다. '진리의 언어'는 없다. 하지만 진리를 모방하며, 그것을 향해 충동하는 언어는 있다. 시인의 문장이 있다. 시인들이 있으므로 언어는 언제나 부족하지만, 우리는 그 결핍 속에서도 진리를 느끼는 것이다.

개연성의 윤리

개연성의 세계는 마냥 거짓인가. 고대 그리스 철학에서 이 질문은 이미 심각한 윤리적 문제로 제기되었다. 플라톤에게 호메로스 같은 시인은 대중 앞에서 영웅을 노래하며 거짓 개연성을 조작하는 자들이었다. 광장에서 울려 퍼지는 시어는 사람들을 미혹했고, 그것은 진리를 왜곡하는 위험한 힘이었다. 시인은 진리에 이르는 길을 가로막았다. 따라서 이상국가에서는 추방되어야 마땅한 존재들이었다. 하지만 그의 제자 아리스토텔레스의 생각은 달랐다. 그는 오히려 시와 비극, 이 허구적 서사가 인간의 감정을 정화하고, 그 카타르시스를 통해 진리에 접근할 수 있다고 보았다. 그는 예술 속 허구가 단순한 거짓이 아니라, '보편적인 진실'을 드러내는 고유한 방식이라고 생각한다. 말하자면 모방은 우리에게 허락된 진실로 가는 유일한 문이었다.

우리는 오늘날에도 여전히 이러한 논쟁의 중심에서 살아간다. 그대와 나는 '담화를 갈아타며 살아가는 존재'로서 삶을 있는 그대로가 아니라 이야기의 방식으로 이해한다. 그렇게 구성된 이야기, 이 개연성의 방식은 우리가 타인에게 나를 설명하는 유일한 방식이다. 그러나 이 개연성은 언어라는 틀 위에서만 작동한다. 언어가 사물을 '만지'는 순간, 그것은 더 이상 '사물'이 아니라 '산물'이다. 존재는 언어의 틀에 닿는 순간 생기를 잃는다. 언어는 진실을 포획하려 하나, 실재는 늘 언어 밖에 있다. 언어에 포획되지 않는 것, 우리의 언어가 닿을 수 없는 고통의 핵심, 결코 만져지지 않는 것이 있다.

갑자기 아내를 잃은 젊은 남편을 위로하기가 어렵다. 그 슬픔의 무게를 누군가가 내게 설명해 줄 수 있다면, 나는 그만한 위로를 준비

할 수 있을 텐데… 하지만 슬픔은 무엇과 비교할 수 없는 무게로 그에게 왔다. 슬픔은 그 자체로 살아 있는 생명의 내면이 보이는 순간이며, 밖으로 드러나지 않아도 가장 진실한 그의 삶의 모습이다. 그것이 '실재'다. 그러나 다시 말하지만, 우리는 언어로 표현할 수 없는 세계, 그 공백을 절대로 포기할 수 없다. 포기하는 순간 연료가 떨어진 자동차가 되는 것이다. 우리의 모든 감각은 멈춘다. 라캉이 말한 '상징화에 저항하는 대상a'는 바로 그런 실재의 흔적이다. 그것은 우리 언어의 세계 안으로 들어오기를 거부한다. 언어로 환원되지 않는, 그것은 그러나 존재한다.

그래서 우리는 서사를 단순한 거짓으로 대해서는 안 된다. 그런 의미에서 '우상'도 마찬가지이다. 픽션은 개연성이라는 언어적 구조를 통해 만들어지지만, 그것이 향한 곳은 언제나 실재이며, 존재의 본질이다. 그대와 나의 삶을 지탱하는 이야기, 이 서사는 거짓으로 시작되었을지 모르지만, 그 거짓이 진실을 욕망한다는 것을 잊어서는 안 된다. 이야기는 진실을 속이는 방식이 아니라, 진실을 좇아가는 방식인 것이다.

호모 픽토르의 숙명적 조건

우리의 이 모든 이야기는 '결핍'에서 비롯되었다. 이 결핍은 결핍으로 끝나는 것이 아니라, 우리 존재의 바탕을 이루는 구조이자, 이야기를 만들어야만 하는 존재로서 갖게 된 원형적 충동이었다. 우리는 무엇인가를 채우기 위해서가 아니라, 끝내 채울 수 없다는 사실로 인해 반복해서 이야기를 만들어 낸다. 우리는 이야기에 의해 다시 살아간다. 이것이 호모 픽토르의 숙명이다. 그러나 호모 픽토르는 '주어진 이야기'를 믿지 않으며, 나 자신에게 덧입혀진 타자의 이야기를 찾아내고, 우상의 본질을 읽어내는 존재이다. 자신에게 주어진 세계의 구조와 언어가 타자의 질서로 짜인 허구임을 자각하는 자이다. 주체는 '타자의 언어' 속에서 태어나며, 결코 언어 바깥에서 자신을 말할 수 없다. 그러나 바로 그 인식이, 세계가 곧 하나의 허구적 구조물임을 드러낸다.

그는 허구를 비극으로 받아들이지 않는다. 끊임없이 이야기를 다시 쓰고, 스스로 변화하며, 서사 속에서 새로운 픽션을 구성하는 것이다. 이것은 자기 정체성을 구성하는 상징 세계의 틀을 스스로 갱신해 나가는 실존적 개입이다. 매번 새로 써야만 하는 이야기, 다시 말해 끝없이 반복되는 이 '서사적 노동'은 하나의 운명처럼, 그러나 자발적으로 선택하게 되는 노동이다.

그러한 반복을 살아 내는 이 태도는 '시시포스의 윤리'로 명명될 수 있다. 알베르 카뮈Albert Camus의 시지프가 부조리한 반복을 자각 속에서 끌어안고 돌을 다시 밀어 올리듯, 그는 타자의 언어로 구성된 세계를 인식하면서도 그 안에서 또 다른 픽션을 창조해 간다. 반복은 단지 억압적이거나 숙명적인 것이 아니라, '차이로서의 반복',

즉 동일하지 않은 반복의 가능성으로 읽힌다. 그렇게 그는 무의미한 구조 속에서도 새로운 의미의 틈을 열고, 허구의 조건을 꿰뚫은 주체로서, 재서사화를 통해 자신을 끝없이 다시 태어나게 한다. 이것이 바로 허구를 아는 자의 윤리이자, '우상'을 대하는 태도이면서, 서사적 주체의 운명이다. 진부한 우상을 부수고 새로운 형상을 찾으며, 낡은 담화를 버리고 새로운 서사를 구축하는 것이다. 우리는 낡은 프레임을 의심하며, 늘 새로운 탈주를 요구하고, 존재의 문턱에서 다시 물어야 한다. 호모 픽토르는 그런 존재이다.

이 끊임없는 옮겨 타기의 반복을 실천한 서사적 인물 중 하나가 위에서 얘기했던 영화 〈더 원더〉의 간호사 립이다. 그녀는 가톨릭위원회가 지키려고 했던 픽션, '단식 소녀는 순결하며, 신이 먹이신다'는 이야기를 해체하고, 결핍 앞에 신비나 죄의식을 덧씌우지 않았다. 립은 억압의 구조 속에서 침묵을 뚫고 나와 자신의 언어로 세계를 다시 썼다. 고통을 신의 뜻으로 변명하지 않았고, 그 실재를 감각하고 받아들이는 방식으로 픽션을 뒤엎은 것이다.

성경의 욥 또한 마찬가지이다. 그는 자신의 모든 것을 잃어버리고, 우리가 경험할 수 있는 가장 원초적인 결핍 앞에 놓였다. 그러나 그는 죄의식과 정면으로 맞섰고, 의미 없는 고통 속에서도 자신의 주체성을 잃지 않았다. '이 고통은 무엇인가'. 바로 이 거듭된 질문 속에서 그의 주체가 그림자처럼 움직였을 것이다. 이것이 알랭 바디우가 말한 '사건 속에서 깨어난 주체'이다.

　삶의 어느 시점에 돌연히 닥친 '사건'은 기존 서사의 틀을 흔들고 균열을 만든다. 사랑했던 여인이 죽은 그 남자… 아들의 죽음을 맞이한 어머니… 일상 속에서 사라졌다고 생각했던 그들의 주체가 사건으로 열린 그 공백 안으로 그림자처럼 등장하는 것이다. 등장해서 움직인다. 호모 픽토르는 이 '사건'에 반응하여 공백 안에서 새로운 서사를 창조적으로 구성하는 실천자이다. 자식을 가슴에 묻었다면, 이제 그대에게 새로운 이야기가 필요할 것이다. 남편을 잃은 그대에게도, 그대의 공백 안으로 이제 새로운 이야기가 찾아올 것이다. 그대는 이 말도 안 되는 사건으로부터 도망치지 않고, 간호사 립처럼, 이야기의 기존 구조를 뒤엎으며, 새로운 이야기를 조직해 낸다. '사건이 벌어지면 그 공백 속에서 주체가 탄생하고, 움직인다'. 이 갱신의 서사는 오늘도 세상의 불행들 위에 수호신처럼 머문다.

참고문헌·인용 자료들

1 서사narrative

자크 알랭 밀레Jacques-Alain Miller, 『세미나 11』, 새물결, 2008
브루스 핑크Bruce Fink, 『에크리 읽기』, 도서출판b, 2007
지그문트 프로이트Sigmund Freud, 『쾌락 원칙을 넘어서Jenseits des Lustprinzips, Beyond the Pleasure Principle』, 열린책들, 1997
로만 야콥슨Roman Jakobson, 『문학 속의 언어학』, 문학과지성사, 1989
롤랑 바르트Roland Barthes, 『텍스트의 즐거움』, 동문선, 1997
백상현, 『라깡의 인간학: 『세미나 7』 강해』, 위고, 2017
모리스 블랑쇼Maurice Blanchot, 『문학의 공간L'Espace Littéraire』, 그린비, 2010
할 포스터Hal Foster, 『실재의 귀환』, 경성대학교출판부, 2010
질 들뢰즈Gilles Deleuze, 『차이와 반복Différence et répétition』, 민음사, 2004

2 결핍manque

슬라보예 지젝Slavoj Žižek, 『이데올로기의 숭고한 대상』, 새물결, 2013
시모어 채트먼Seymour Chatman, 『영화와 소설의 서사 구조』, 민음사, 1999
미셸 푸코Michel Foucault, 『감시와 처벌Discipline and Punish』, 나남출판, 2020
마르틴 하이데거Martin Heidegger, 『존재와 시간Sein und Zeit』, 동서문화사, 2016
미셸 푸코Michel Foucault, 『말과 사물The Order of Things』, 민음사, 2012
조르조 아감벤Giorgio Agamben, 『남겨진 시간들Il tempo che resta』 코나투스, 2000
슬라보예 지젝Slavoj Žižek, 『당신의 징후를 즐겨라Enjoy Your Symptom』, 한나래, 1997

3 공백trou

질 들뢰즈Gilles Deleuze, 『주름, 라이프니츠와 바로크Le Pli, Leibniz et le Baroque』, 문학과지성사, 2004
롤랑 바르트Roland Barthes, 『텍스트의 즐거움』, 동문선, 2022
피에르 파올로 파졸리니Pier Paolo Pasolini, 『Heretical Empiricism-'Il cinema di poesia'』, New Academia Publishing, 2005

페르디낭 드 소쉬르Ferdinand de Saussure, 『일반 언어학 강의Cours de linguistique générale』, 민음사, 2006
자크-알렝 밀레Jacques-Alain Miller, 『The Seminar of Jacques Lacan, Book VII: The Ethics of Psychoanalysis』, W. W. Norton & Company / Routledge, 1992
데이비드 실베스터David Sylvester, 『Francis Bacon: 나는 왜 정육점의 고기가 아닌가』, 디자인 하우스, 2015

4 호모 픽토르Homo Fictor

질 들뢰즈Gilles Deleuze와 펠릭스 가타리Félix Guattari, 『안티-오이디푸스』, 민음사, 2014
로버트 로젠블럼Robert Rosenblum, 『On Modern Art: Selected Essays』, Harry N. Abrams, 1999
질 들뢰즈Gilles Deleuze, 『감각의 논리Logique de la sensation』, 민음사, 2008
신약 성경 사도행전 17장 16-34절: 사도 바울이 아테네의 아레오바고 법정에서 우상을 비판하며 설교한 내용.
칼 바르트Karl Barth, 『교회 교의학Kirchliche Dogmatik』, 대한기독교서회, 2017, 제1권 제2부에서 '모든 종교는 우상 숭배'라는 관점에서 종교 자체가 하나님의 진정한 계시에 장애물이 된다고 비판한다.
월터 R.피셔Walter R. Fisher, 『Human Communication as Narration: Toward a Philosophy of Reason, Value, and Action』, University of South Carolina Press, 1987
폴 리쾨르Paul Ricœur, 『시간과 이야기1.2.3』, 문학과지성사, 1999~2004
'서사적 정체성narrative identity' 개념은 제3권에서 깊이 다뤄지고 있다.
알랭 바디우Alain Badiou, 『존재와 사건L'Être et l'Événement』, 새물결, 2013

이야기 짓는 사람
호모 픽토르

초판 1쇄 발행 | 2025년 11월 30일

지은이 이명행
발행인 한명선

책임편집 김수경
제작총괄 박미실
디자인 모리스

주소 서울시 종로구 평창길 329(우편번호 03003)
문의전화 02-394-1037(편집) 02-394-1047(마케팅)
팩스 02-394-1029
전자우편 saeum2go@hanmail.net
블로그 blog.naver.com/saeumpub
페이스북 facebook.com/saeumbooks
인스타그램 instagram.com/saeumbooks

발행처 (주)새움출판사
출판등록 1998년 8월 28일(제10-1633호)

ⓒ 이명행, 2025
ISBN 979-11-7080-128-3 03810

이 책은 저작권법에 따라 보호받는 저작물이므로 무단전재와 무단복제를 금지하며,
이 책 내용의 전부 또는 일부를 이용하려면 반드시 저작권자와 새움출판사의
서면동의를 받아야 합니다.

• 잘못된 책은 바꾸어 드립니다.
• 책값은 뒤표지에 있습니다.